点亮亲子学院

培养有国际竞争力的中国孩子

培养有国际竞争力的中国孩子

未来赢家书系

男孩养育课

在男孩潜意识里
种下 7 颗『成功种子』

[日]中野日出美·著
张宁·译

中国经济出版社
CHINA ECONOMIC PUBLISHING HOUSE

·北京·

图书在版编目（CIP）数据

男孩养育课：在男孩潜意识里种下7颗"成功种子"/（日）中野日出美著；张宁译.--北京：中国经济出版社，2021.11

（全球教子智慧书系）

ISBN 978-7-5136-6668-8

Ⅰ.①男… Ⅱ.①中… ②张… Ⅲ.①男性-家庭教育 Ⅳ.①G78

中国版本图书馆CIP数据核字（2021）第199895号

OTOKONOKO NO SODATEKATA
Copyright © 2017 Hidemi Nakano
Illustrations by sayasans
First published in Japan in 2017 by Daiwashuppan.
Simplified Chinese translation rights arranged with PHP Institute, Inc.
through CREEK & RIVER CO., LTD. and CREEK & RIVER SHANGHAI CO., Ltd.

著作权合同登记号 图字：01-2021-4860

选题策划	崔姜薇
策划编辑	张　博
责任编辑	贾轶杰
责任印制	马小宾
封面设计	任燕飞装帧设计工作室
插画设计	sayasans
出版发行	中国经济出版社
印 刷 者	北京富泰印刷有限责任公司
经 销 者	各地新华书店
开　　本	880mm×1230mm　1/32
印　　张	5.625
字　　数	108千字
版　　次	2021年11月第1版
印　　次	2021年11月第1次
定　　价	58.00元

广告经营许可证　京西工商广字第8179号

中国经济出版社 网址 http://www.economyph.com 社址 北京市东城区安定门外大街58号 邮编100011
本版图书如存在印装质量问题，请与本社销售中心联系调换（联系电话：010-57512564）

版权所有　盗版必究（举报电话：010-57512600）
国家版权局反盗版举报中心（举报电话：12390）　　服务热线：010-57512564

培育男孩成为出类拔萃的成功者

谢谢您能阅读这本书。

在您开始阅读本书之前,我想真诚地向您介绍一下这本书,它与以往的育儿书是完全不同的,不同之处主要有以下三点:

第一,本书第一次针对孩子的"潜意识"这个尚未开发的研究领域提出了育儿理论。

第二,本书并不是从头到尾解析父母对孩子说的话,而是详细介绍了和话语同等重要,甚至比话语的影响力还要大的父母的态度和行为、父母的生活方式在育儿中的作用。

第三,本书介绍的方法是您马上就可以付诸实践的,其显著成效是值得期待的。再强调一遍,本书是日本第一本具体介绍如何影响孩子潜意识的育儿书。只要您在育儿中实践本书介绍的方法,您的儿子一定能够成为事业成功、生活幸福的人。

下面是自我介绍。我叫中野日出美,至今已经做了将近20年的心理咨询师。我主要擅长的领域就是潜意识。通过潜意识对人们做心理调整是心理治疗中最难也是最细分的领域。其特点是,要更加深入地介入咨询对象的内心和人生。

比起普通的心理咨询,进行一次潜意识治疗需要的时间要长很多。做一次普通心理咨询一般为1~3小时,而我做的潜意识心理咨询则需要6小时之久。到目前为止,我已经为3000多人做过治疗,花费18000多个小时。我的治疗重点是,我会非常详细地询问治疗者小时候是什么样的孩子,并且重点深入询问他们的父母是什么样的人,父母又是怎样培养他的。

我的潜意识心理咨询得出了一个结论,父母的培养方式对孩子的人生有非常大的影响。

或许您会认为,这个结论不是不言自明的道理吗?然而,事情并没有那么简单。对父母而言,只要是对孩子有益的事,就愿意去做。我自己也有两个孩子,对这种心情是再明白不过了。但是,正如俗话所说,"可怜天下父母心"。通过将近20年的心理治疗,我了解到一个事实,虽然父母认为,去做对孩子有益的事是为了孩子好,孩子们却不一定这样认为,这对于父母来说是很大的打击。

那么,该怎么办呢?

答案就是,家长使用好对孩子的潜意识产生影响的方法,就能对孩子的将来起到基本定型的效果。

不过,虽说家长要想办法对孩子的潜意识产生影响,但如果给孩子种下了引向失败的"种子",那就适得其反了,这肯定是父母不愿意看到的结果。

究竟是什么会让孩子失败,又是什么会让孩子成功呢?本书很详细地介绍了父母的哪些做法会导致孩子走向失败。此外,我还会在对父母的语言、态度和行为的多年研究成果的基础上,介绍在男孩的潜意识里种下"成功种子"的诸多方法。按照我的建议去做的家长们纷纷反馈,孩子发生了巨大的变化。

我本人也是按照这些方法培育我的儿子的,如今他已经实现了儿时的梦想,成为一名兽医,成为一个坚强且乐观的男性。我和儿子从这些方法中受益颇多,于是我写下了这本书,希望更多的父母以及全世界的男孩子都能使用这些方法。

我一直在做潜意识方面的心理治疗,在日本,我可能是将潜意识治疗聚焦亲子关系并对此研究最深、研究时间最长的人。这种治疗方法是以心理学的"交流分析"为基础,使用"神经语言程序学"(NLP)和"现代催眠"的有科学依据的独创方法。从某种意义上来说,对孩子的潜意识进行影响的方法浓缩了我心理治疗事业的精华。

孩子仿佛降临到我们人生中的天使一般,作为父母的您,请为心爱的儿子种下照耀他一生的"成功种子"吧!

亲子心理交流协会代表　中野日出美

目 录

导 言　在男孩潜意识里种下7颗"成功种子"

☆ 为什么影响潜意识会有更好的效果？　3
　1. 您是不是觉得"潜意识"有些不妥？　3
　2. 知道这个方法和不知道这个方法会有天壤之别　4
　3. 人的内心分成两个领域　5
　4. 对人生能够产生巨大影响的因素　5
　5. 哪种方法能让孩子更听你的话？　6

☆ 父母传递出的"三个讯息"决定孩子的人生　7
　1. 人的一生取决于"孩童时代"？！　7
　2. 如果潜意识是田地，那父母的讯息就是种子　8

✩ 对男孩子来说，成功是什么？ 9

 1. 有钱、有社会地位肯定更好…… 9

 2. 现代男性的处境 9

 3. 不经意间培养出出类拔萃的男孩 10

✩ 7颗"成功种子" 11

 1. 引导男孩成功之路的"指明灯" 11

✩ 在潜意识的作用下孩子们发生了巨大变化 13

 1. 一切都取决于父母如何应对 13

 2. 来，下面轮到你的孩子了！ 15

第1颗"成功种子"——自爱能力的种子

✩ 绝对不能种下的"失败种子" 20

 1. 表扬或批评孩子的时候，总是强调"你是男孩" 20

 2. 以"你是男孩"为理由，不让孩子哭泣、表现害怕的情绪 21

 3. 父母无法驾驭自己的工作，不控制自己抽烟、喝酒 21

 4. 以"都是为了你好"为理由，父母在生活中牺牲自我 23

 5. 把自己的梦想寄托在孩子身上 23

 6. 只有在孩子生病的时候才对孩子温柔 24

 7. 把自己的需求摆在第一位，忽略了孩子的需求 24

✩ 7颗"自爱能力的种子" 27

 1. 不随便表扬孩子，表扬时要针对具体事情，要真心实意 27

 2. 间接表扬更有效果 27

3. "最喜欢你了""爱你哦"可以尽情地说 28

4. 让孩子尽情释放4种感情 28

5. 父母也真实释放4种感情 29

6. 尽可能对孩子保持微笑 29

7. 培养自爱能力的"话语种子" 31

☆ 孕育"自爱能力的种子"的两个"如果" 31

1. 如果可以改变自己的面部或者身体的某一个部分,你希望改变哪里? 32

2. 如果离世前只能对一个人说些什么,你想对谁说什么? 34

☆ 父母无条件的爱才是最重要的"自爱能力的种子" 34

第2颗"成功种子"——学习能力的种子

☆ 绝对不能种下的"失败种子" 42

1. 让孩子拼命学习,父母却沉溺于看电视、玩手机 42

2. 无法回答孩子"为什么必须学习"的疑问 43

3. 比起学习质量,父母更在乎学习的时长 43

4. 给孩子灌输式的、提高偏差值的学习方法 45

5. 企图靠孩子实现人生的逆袭 45

6. 娇惯孩子,不希望孩子辛苦地面对竞争 46

7. 父母自己不读书 46

☆ 7颗"学习能力的种子" 48

1. 千方百计让孩子喜欢书 49

2. 让孩子知道学习有哪些益处 49

3. 劳逸结合，缩短整体学习时间　51

4. 活用"皮格马利翁效应"　51

5. 父母也要有自己的目标，并努力践行　52

6. 选择适合孩子的学习方法　52

7. 提高学习能力的"话语种子"　52

✡ 孕育"学习能力的种子"的两个"如果"　53

1. 如果接下来的一年里，每次考试的前一天都有人偷偷告诉你试题的答案，你想让他告诉你吗？　53

2. 如果今后3年之内无法学习，或者每天必须学习3个小时，你希望选择哪一种？　54

✡ "学习能力的种子"可以拓展人生的可能性和选择范围　57

第3颗"成功种子"——社交能力的种子

✡ 绝对不能种下的"失败种子"　62

1. 对孩子的关怀"无微不至"　62

2. 在孩子面前说对方或他人的坏话　63

3. 只让孩子了解和看到"高尚、正确、美丽"的事情　63

4. 因为"还是小孩子嘛"，而轻视孩子的暴力行为　65

5. 总是把学习和兴趣班放在第一位，把交朋友放在第二位　65

6. 父母做错事时不向孩子道歉　67

7. 限制孩子交友　67

目 录

☆ **7颗"社交能力的种子"** *68*

　　1. 训练孩子学会读懂对方的表情和氛围 *69*

　　2. 培养孩子倾听的能力 *69*

　　3. 培养孩子说话的能力 *69*

　　4. 让孩子不欺负人，也不被欺负 *70*

　　5. 培养孩子发现并赞美他人长处的能力 *70*

　　6. 培养孩子从书籍或电视节目中获得共鸣的能力 *72*

　　7. 有助于社交的"话语种子" *72*

☆ **孕育"社交能力的种子"的两个"如果"** *73*

　　1. 将来长大了，你会选择做一个非常有钱但是没有心爱的家人的人，还是做一个虽然很穷但是有心爱的家人的人呢？ *73*

　　2. 如果在山里遇难了，你和家人及其他三个陌生人在一起，不知道救援何时会到，你的包里只剩下两块巧克力了，你会分给其他人吗？又会如何分配呢？ *73*

☆ **祖父母隔代种下的社交障碍的种子** *76*

第4颗"成功种子"——爱的能力的种子

☆ **绝对不能种下的"失败种子"** *82*

　　1. 因为他是男孩，所以不让他做家务 *82*

　　2. 总是把孩子当成小婴儿一样对待 *83*

　　3. 母亲太邋遢或打扮太过花哨 *83*

　　4. 把孩子培养成理想的王子类型 *85*

　　5. 像佣人一样伺候孩子 *85*

5

6. 照料孩子的时候总是一副不耐烦的样子 *87*

   7. 母亲一味地忍受父亲的蛮横 *87*

✡ 7颗"爱的能力的种子" *88*

   1. 给孩子无条件的爱 *88*

   2. 让孩子知道给予的快乐 *89*

   3. 多一些欢笑 *89*

   4. 培养孩子对小动物的关爱 *90*

   5. 告诉孩子外表与气味的重要性 *90*

   6. 培养孩子的同理心和表达爱的能力 *92*

   7. 培养爱的能力的"话语种子" *92*

✡ 孕育"爱的能力的种子"的两个"如果" *93*

   1. 如果长大以后成家立业有了孩子,你希望成为怎样的父亲呢? *93*

   2. 如果有老人、孩子、医生、孕妇、濒死病人在你的眼前马上要淹死了,但你只能救3个人,你会先救谁呢? *95*

✡ 动物能帮助男孩学会爱 *97*

第5颗"成功种子"——抗压力的种子

✡ 绝对不能种下的"失败种子" *102*

   1. 不让孩子知道世界肮脏的一面 *102*

   2. 不让孩子有失败的体验 *103*

   3. 所有事情都设立条条框框,束缚孩子 *105*

4. 要求孩子强大、完美，必须争第一 *105*

5. 对孩子的疼痛和失败反应过度 *106*

6. 担心过度，不让孩子尝试新事物，不让孩子参与竞争 *106*

✦ 7颗"抗压力的种子" *108*

1. 让孩子多多体验失败、疼痛 *109*

2. 培养幽默感 *109*

3. 培养灵活性，增加选择性 *109*

4. 拥有寻求帮助的勇气 *110*

5. 掌握切换情绪的开关 *110*

6. 传授必胜的方法 *111*

7. 提高抗压力的"话语种子" *111*

✦ 孕育"抗压力的种子"的两个"如果" *113*

1. 如果做一头鹿，你会选择做动物园里的鹿，还是森林里的鹿？ *113*

2. 如果在荒岛上生存，有吃不完的白米饭，但只能带一道菜吃一辈子，你会选哪道菜呢？ *115*

✦ 拥有燃烧灵魂般的热情和最强大的爱心 *115*

第6颗"成功种子"——自控力的种子

✦ 绝对不能种下的"失败种子" *122*

1. 对孩子的任性不加干涉 *122*

2. 父母的态度和言辞前后不一致 *124*

3. 注意不到孩子身上的问题或放任不管 *124*

4. 父母毫无计划且有拖延症 *125*

5. 父母对某些事情上瘾 *125*

6. 不给孩子休息的时间 *127*

7. 父母容易被情绪左右 *127*

✪ 7颗"自控力的种子" *128*

1. 过有规律的生活 *128*

2. 让孩子承担家庭成员的责任 *129*

3. 培养孩子注意力集中的同时,让孩子学会适当地放松 *129*

4. 让孩子懂得坚持的益处 *130*

5. 让孩子一个人坚持到完成 *130*

6. 培养孩子做事的计划性 *132*

7. 提高自控力的"话语种子" *132*

✪ 孕育"自控力的种子"的两个"如果" *133*

1. 如果你的1天有25个小时,多出的1个小时你会用来做什么? *133*

2. 每天都可以吃自己喜欢的东西,但40岁会生重病,或者每天只能吃不喜欢的东西,但可以活100岁,你会选择哪一个? *135*

✪ 对孩子将来最有益的"提前投资"是什么? *135*

第7颗"成功种子"——赚钱能力的种子

✪ 绝对不能种下的"失败种子" *142*

1. 给孩子灌输"金钱罪恶"的错误观念 *142*

目 录

2. 父母小气，不知道如何更好地花钱 *143*

3. 父母总因为钱的事吵架 *143*

4. 在孩子说"想要"之前就给他 *144*

5. 父母挥霍无度 *144*

6. 父母总是自私地想：只要对我的孩子好就行 *146*

7. 总是强调人生要稳定 *146*

☆ 7颗"赚钱能力的种子" *147*

1. 培养孩子的独创性与专业性 *147*

2. 教给孩子"钱生钱"的方法 *149*

3. 让孩子学会接受家中拮据的现实 *149*

4. 有机会就问孩子"将来想做什么工作" *150*

5. 告诉孩子为他人赚钱的喜悦 *150*

6. 给孩子零花钱，让他自由使用 *150*

7. 让孩子掌握赚钱能力的"话语种子" *152*

☆ 孕育"赚钱能力的种子"的两个"如果" *153*

1. 如果你参加有奖竞猜节目得了10万日元，答对下一题能获得100万日元，答错则10万日元奖金归零，你会怎么选？ *153*

2. 如果有一份合同，规定你在20到60岁每月不工作也会有20万日元的工资，但是再怎么努力也不会有更高的工资，只要签了就不能毁约，你会签这份合同吗？ *155*

☆ 有魅力的男性是不会让女性在约会时付钱的 *155*

结语　给每一位有儿子的家长朋友 *159*

导言

在男孩潜意识里种下7颗『成功种子』

导　言　在男孩潜意识里种下 7 颗"成功种子"

孩子的潜意识就像田地一样，而父母传递给孩子的信息就好比种子。种在田地里的种子慢慢长大，或茁壮成树，或灿烂如花。有些成了男孩人生的成功之花，有些则成了失败之花。

为什么影响潜意识会有更好的效果？

1. 您是不是觉得"潜意识"有些不妥？

我在前言里写过："这本书跟以往的育儿书是完全不同的。"那么，哪里不同呢？一言以蔽之，本书介绍的是影响孩子潜意识的育儿方法。这一点就是最大的不同。

一瞬间您可能会想：啊？潜意识是不是有些不妥啊？这些育儿方法真的可以用吗？

没关系，请您放心。

一说起潜意识大家就会存有疑虑，那是因为市面上有的与潜意识相关的书，强调潜意识是超自然的。其实潜意识本身并不可怕。潜意识领域的治疗方法是有很长久的历史和确凿的根据的。事实上如果把潜意识的性质和掌控方法与成体系的心理学、心理疗法结合起来，会给我们的人生带来巨大的变化。

这是第一本真正地充分利用潜意识的性质，并具体地教父母如何引导儿子成长为精神上和经济上都富足的男性的书。请您充满期待地开启阅读之旅吧！

2. 知道这个方法和不知道这个方法会有天壤之别

您在阅读的过程中一定会读到之前所阅读的育儿书中所没有的、能让您心潮澎湃的事例。

但是，漂亮话和理想论是培养不出能够在坎坷人生路上坚强求存的男性的。所以我会在这本书里具体地、真实地分析男孩在人生道路上会遇到的各种可能性。好的，我再强调一遍，作用于潜意识的育儿法是安全且非常有效的。而且可以说这种方法是真正实践了精神分析学、发展心理学和交流分析等有效的权威理论的方法。

您也许学过这些有名的理论，但现实中并没有以简单、易懂的方式介绍如何在日常生活中具体地运用这些理论的书。

这本书基于我多年做潜意识相关治疗过程中的众多事例，回答了父母们的疑问：我虽然知道父母会影响孩子的人生，但究竟会影响什么？会产生什么样的影响？我们又该怎么做呢？

我接下来要介绍的方法很重要，父母是否知道该方法，会在拓展孩子人生的可能性上造成非常大的不同。

3. 人的内心分成两个领域

通过对潜意识产生影响的方法可以引导孩子成为各个方面都非常优秀的男孩。想要知道这种方法，我们就要先了解一下潜意识究竟是什么。

我们的内心可以大致分成两个领域。一个领域是自己可以感知得到的内心领域，即"意识"。意识控制着思考、分析、选择、判断等活动。另一个领域就是自己感知不到的内心领域，即"潜意识"。潜意识控制着感情、感觉、直觉、想象力等活动。

大家一般都认为意识是大脑活动的结果，而潜意识是心脏和身体活动的结果。

我们可以把这两个领域比作冰山。海面以上的、很小的一部分冰山就是意识，海面之下的、大部分的冰山就是潜意识。众所周知，冰山在海面之下看不见的部分比海面上看得见的部分要大得多。同样，潜意识所占的部分也要比意识大几十倍。

4. 对人生能够产生巨大影响的因素

潜意识不仅所占部分大，对我们的人生的影响也要比意识更深远。

为什么会这样呢？因为我们是按照各自的思考、感情和行为模式而生存的，而思考、感情和行为模式正是由潜意识产生的。

"啊？我们是按照自己的想法来行动的，难道不是按照能够感知的内心活动——意识而生存的吗？"

不，不是这样的。我们都认为自己的行动是由大脑决定的。但是人们在遇到什么人或经历什么事的时候感受是各不相同的。这些不同的根源正是每个人不同的价值观，也就是思维模式。

例如，看到一个盛着半杯水的杯子，有人会很放心地觉得"还有半杯水呢"，有人可能会不安地觉得"只剩半杯水了"。因此，他们将要采取的行动当然也会不同。

面对同一种情况，人也会用脑思考，但价值观所决定的感受已经产生了作用，决定了接下来要采取的行动。我们采取的一个又一个行动就构成了人生。既然产生思考、感情和行为模式的是潜意识，我就想跟大家说说潜意识究竟对我们的人生会产生多大的影响。

5. 哪种方法能让孩子更听你的话？

那么，对我们的人生产生影响的思考、感情和行为模式是怎么产生的呢？

它们是由潜意识传达的讯息所产生的。由潜意识传达的讯息叫作"暗示"，暗示的反义词就是"明示"。

比如，"不刷牙会长蛀牙的，快去刷牙！"就是明示。

"爸爸一直很后悔。爸爸小时候没好好刷牙，最后不得不去拔牙……"就是暗示。

如果是您的孩子，听了上面哪一种说法会更听话地去刷牙呢？一般来说，应该是第二种。明示会让孩子有一种被迫刷牙的感受，但是暗示会让孩子觉得自己想要刷牙。

对，正是这些看起来不是命令和指挥，能够让孩子主动接受的"暗中驱动的讯息"，即暗示，会对潜意识起作用，对我们的思考、情感和行为模式产生很大的影响。

父母传递出的"三个讯息"决定孩子的人生

1. 人的一生取决于"孩童时代"?!

交流分析这一心理学理论认为：每个人在孩童时代受到父母怎样的教育，就会对如何生、如何死产生无意识的人生构想。这就叫作"人生的剧本"，好比有的电视剧或电影的开端，经过不同的场景，最终走向终结。那这种存在于潜意识的人生剧本是什么时候，又是如何形成的呢？

据说"儿童时代父母传递给孩子的三个讯息"形成了孩子人生的剧本。

具体来说，第一个讯息是父母的语言，第二个讯息是父母的态度和行为，第三个讯息是父母的生存方式。

这三个讯息就是左右孩子人生、形成人生剧本的根基。而且，如果用"暗示"的方式把这三个讯息传达给孩子，会对孩子产生更大的影响力。

请大家回忆一下前面在讲明示和暗示的时候我举的刷牙的例子。比起直接说"快去刷牙"，父母把自己的真实感受告诉孩子，反而会产生更大的影响。也就是说，不论是什么内容的讯息，用暗示的方式会对孩子的潜意识产生更大的影响。

2. 如果潜意识是田地，那父母的讯息就是种子

我在做讲座的时候把潜意识比喻成田地，而父母的讯息就好比种子。人是无法从田地的表面看到土壤下种的是什么种子的。但是，随着时间的流逝，种子会发出芽，长出茎。同样，在孩子的潜意识这块田地里种下不同的种子，收获的果实也会不一样。

有的种子会把孩子的人生引导至成功之地，有的种子会将其引导至失败之地。

本书具体介绍了父母传达给孩子什么样的讯息会在孩子的潜意识里种下"成功种子"，还详细讲解了如何播种"成功种子"，让男孩成为人生的赢家。只要您能按照本书介绍的方法，在孩子的潜意识里悄悄地种下"成功种子"，您儿子的人生一定会熠熠生辉。

对男孩子来说，成功是什么？

1. 有钱、有社会地位肯定更好……

前面我们一直在探讨在男孩的潜意识里种下"成功种子"的重要性。那么对男孩子来说成功究竟是什么呢？

一般来说，大家可能觉得男孩读一所好大学，找到一份社会地位高的工作，年薪达到 1000 万日元以上，有自己的独栋住房，退休后能保证过着比较滋润的生活，这就是成功。可能还有人会想到年轻时开始创业，不受公司和时间的束缚，住在豪华的高层公寓里，开着高级的外国车，成为青年实业家，这就是成功。

确实哪个看起来都是不错的人生。但是有钱又有社会地位就真的能算作成功的人生了吗？

我至今了解过很多咨询者的人生。所以我知道很多有钱的男士，做医生、律师等理想职业的男士并不能算是活得很成功。当然，有钱、有社会地位肯定更好。但是要想成为真正的人生赢家，只有这两样是不够的。

2. 现代男性的处境

在我还小的时候，人们一般都认为男孩要念好大学，进好企业工作，娶到一个好太太，生儿育女，出人头地，退休后过着悠闲自在的生活,就是幸福的一生。但是现在情况已经有些不一样了。

首先,男性就算进了大企业工作,也不会随着年龄的增长就升职加薪,实际情况是随时可能被裁员。而且有经济实力的女性对男性的要求越来越高,只能依附男性生活的女性正在锐减。因此和以前相比,受异性欢迎的男性已经减少了很多。而且即便结了婚,经济上、精神上都很独立的妻子也不会容许丈夫对家务和育儿不管不顾。这样的家庭要么很快就离婚了,要么妻子渐渐把孩子拉到同一战线,丈夫被孤立,失去了在家里的立足之地。就算暂时勉强维持住了家庭生活,最近遭遇离婚的中老年男士数量也在急速地上升。

如上所述,现在男性所处的现实环境真的非常严峻。可以说现在的男性都存在着巨大的心理问题。

他们精神上很脆弱,容易受伤,沟通能力很差。他们非常不擅长和同事、上级、下属、朋友、恋人、妻子、孩子等建立良好的关系,所以更是得不到相互的理解,然后又会受伤……从而形成恶性循环。

3. 不经意间培养出出类拔萃的男孩

想想这样的现实状况,大家都能明白只有钱和社会地位是算不上成功的。如果总是以"你是男孩"为理由一味地要求孩子学业进步和坚强,或者相反把孩子看成最珍贵的宝贝而过于保护、过于干涉孩子,都会让孩子的成长不健全。

导　言　在男孩潜意识里种下7颗"成功种子"

今后的男孩要想成为人生赢家，必须要懂得重视自己的身心健康，还要有从对方的立场和想法来体谅他人的情商。另外，还要有不怕风险、勇于挑战的勇气，要有从失败中重新站起来的强大力量，能得到上级的青睐、下属的崇拜、同级的喜欢、妻子的尊重，还要有经济实力……

总而言之，男人要想取得人生真正的成功，真的需要具备很多种能力，而且最为重要的是不能把学历、金钱、婚姻、出人头地看得无比重要。当然也绝对不能成为不顾他人，把别人当作垫脚石，只顾自己成功的卑劣男性。所以父母要悄悄地在日常生活中在孩子的潜意识里种下"成功种子"。

前面我们已经说过了，孩子的人生是由潜意识所创造的，而能驱动潜意识的，正是父母给予孩子的"暗示"。

是的，运用能够驱动潜意识的方法，一定能把孩子培养成懂得保护自己的身心健康，从内心体贴他人，经济上、精神上富足而有实力，人生道路畅通无阻的男性。

7颗"成功种子"

1. 引导男孩成功之路的"指明灯"

导言里我们说过了，未来男孩的成功只有金钱和社会地位是不够的，还需要具备各种各样的能力。要想孩子出类拔萃，我们需要给孩子种下 7 颗 "成功种子"：

第 1 颗 "成功种子"：自爱能力的种子

如果身心不健康，不管你收获了什么也算不上成功。首先，保持自己的身心健康是最重要的种子。这就是"自爱能力的种子"。

第 2 颗 "成功种子"：学习能力的种子

不管孩子将来选择什么职业，都要给孩子种下"学习能力的种子"。

第 3 颗 "成功种子"：社交能力的种子

人的烦恼往往来自人际关系。为了让孩子尽量不在职场和家庭积累压力，父母要给孩子种下很多"社交能力的种子"。

第 4 颗 "成功种子"：爱的能力的种子

今后的男孩只懂得强势是不行的。可以说"爱的能力的种子"是让男孩受到周围人的欢迎、得到别人的帮助、不让男孩被孤立的种子。

第 5 颗 "成功种子"：抗压力的种子

"抗压力的种子"培养的不是看起来强大的男孩，而是真正内心强大的男孩。有了这颗种子，男孩就能不畏惧失败，勇于挑战，从挫折中重新站起来，坚强地度过一生。

第 6 颗 "成功种子"：自控力的种子

要想实现梦想，就要有规划能力和执行力。要能够控制自己的感情和行动，集中精神向自己的目标前进，这便是"自控力的种子"。

第 7 颗 "成功种子"：赚钱能力的种子

赚钱能提高男孩的自信和自我肯定感。别跟钱过不去，快乐地赚钱，过丰富的人生，这就是"赚钱能力的种子"的意义所在。

综上所述，可以说以上 7 颗"成功种子"是将男孩的人生引向成功的"指明灯"。请父母们在您的儿子的潜意识里悄悄地种上这些"成功种子"吧！

在潜意识的作用下孩子们发生了巨大变化

1. 一切都取决于父母如何应对

您读到这里，感受如何呢？可能还有读者对上面的内容半信半疑。那么我们来一起看看父母驱动孩子的潜意识之后孩子发生的变化吧。我来分享几则我收到的"幸福的回音"。

（1）中野老师说我家大儿子没有干劲儿、对什么事都提不起精神是受到了我这个父亲的影响，我听了很震惊。于是，我反思了自己，确实对老大期待太高了，把他逼得太狠了。我改变了态度之后，儿子的性格又变回跟原来一样开朗了，现在他学习和运动都很努力。（小学六年级男孩的父亲，45 岁）

（2）说来真是不好意思，我儿子不管说他多少遍都不做作业、不刷牙，每天真是搞得我头疼。后来我听了中野老师的建

男孩养育课：在男孩潜意识里种下7颗"成功种子"

议做出了改变，儿子竟然从那天开始自发地做作业和刷牙了，真的让我很吃惊。没想到说话方式不同真的会产生这么大的区别。真的非常感谢老师！（小学一年级男孩的母亲，34岁）

（3）我太在意拒绝上学的儿子了，反而让孩子越来越远离了真正的社会。我发觉了这一点之后，改变了对孩子的态度，结果儿子比以前爱笑了。我想可能很快他就会去上学了。（小学三年级男孩的母亲，38岁）

（4）当我知道了我不经意说的"抓紧点儿""快点儿"是引起儿子咬手指的原因之后，我恐慌极了。现在我会非常注意自己的措辞。（5岁男孩的母亲，30岁）

（5）我的二儿子上小学四年级，我发现他受到了欺凌，于是我跟学校和教育委员会发生了很大的争执。后来中野老师帮我明白了，真正让孩子感到有压力的是我和家长、学校争执的样子。等我平复了心情，冷静下来，发现孩子受欺凌的问题也自然地随之平息了。谢谢老师！（小学四年级男孩的母亲，44岁）

（6）儿子说话结巴是小学一年级的事儿，怎么治也治不好。让我吃惊的是，我和先生改变了之后，孩子的口吃竟然不治而愈了。（小学四年级男孩的母亲，39岁）

正如我前面所说的，我上面介绍的只是我收到的"幸福的回音"的一小部分，但也足见孩子出现问题的原因基本上都在父母。也就是说，对孩子的人生产生不好影响的是父母，产生好的影响的也是父母。所以请您一定不要在您儿子的潜意识里种下"失败种子",而要种下很多"成功种子"。

2. 来,下面轮到你的孩子了!

书中我会按照下面的顺序具体地、通俗易懂地介绍如何在男孩的潜意识里悄悄地播种"成功种子"。

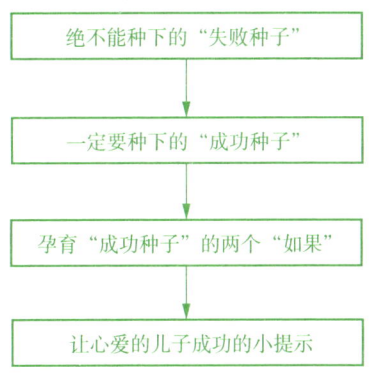

我列举的"失败种子"有可能对孩子的人生产生深刻的影响,而且我还会介绍受到影响后孩子会变成什么样。当然,这并不是对每个孩子都百分百适用,您带着多少会对孩子造成不好的影响这个前提来读就可以了。

之后,我会介绍父母的哪些言谈举止和生活方式会对孩子的人生产生好的影响,即"成功种子"。

接下来,我准备了孕育"成功种子"的两个"如果"思考题,您一定要跟您的孩子一起快乐地思考并解答。

为了能在寻找答案的过程中在孩子的潜意识里播种很多"成功种子",我可是绞尽脑汁了。这些问题没有固定的正确答案。对问题有所思考、有所展开本身就可以刺激孩子的潜意识，为培养各种能力做下铺垫。因此不管孩子怎么回答都不要训斥他或笑话他，请您从内心表现出很感兴趣的样子，仔细倾听。

总之，您一定要跟您的孩子一起快乐地思考并讨论，这才是最重要的。

实际上跟孩子一起思考问题的答案就可以不断地在孩子的潜意识里播下"成功种子"，并加深亲子关系。

在各章的最后我还写了留给爸爸、妈妈的话。希望能给您起到参考的作用。

那么，一切都准备好了，就让我们一起去具体了解一下7颗"成功种子"吧！

第1颗『成功种子』——自爱能力的种子

第 1 颗 "成功种子"——自爱能力的种子

父母对孩子最大的愿望就是希望孩子身心健康。即便孩子上了最好的大学,有最高的收入,如果身心健康都保证不了,那么也算不上是真正的成功。

要想身心健康,首先应该要有爱自己、珍惜自己的"自我认同"。为了把男孩培养成能够保护自己身心的大人,请在男孩的潜意识里种下"自爱能力的种子"吧!

男孩养育课:在男孩潜意识里种下7颗"成功种子"

绝对不能种下的"失败种子"

"自我认同"是一个人能够爱自己的原动力。如果这个原动力很弱的话,人就会因为一点微不足道的小事失去自信,很容易迷失自己,失去真正想要的东西、真正的追求。

尤其是男孩,社会和家庭都要求男孩要坚强,比起心灵和身体的健康,男孩要更优先考虑对他人的责任和自身所承担的责任。

父母的期待和偏见,还有不健康的生活习惯在很多情况下都会成为将来导致男孩身心面临危险的"失败种子"。

下面我来介绍一下绝对不能种在男孩潜意识里的"失败种子"。

1. 表扬或批评孩子的时候,总是强调"你是男孩"

真人的妈妈怀上的第一个孩子就是真人,所以妈妈对他特别疼爱。妈妈总是强调他是男孩,表扬他的时候会说:"不愧是男孩!"训斥他的时候会说:"是个男孩就应该……"

如果父母总是用"不愧是男孩!""是个男孩就应该……"

的方式赞赏孩子的坚强，或者表扬、批评孩子的方式让孩子很有压迫感，孩子会觉得男孩子不坚强就不会得到认同。

这样的男孩长大以后如果输给了女性，就会有深深的挫败感，陷入消沉。还有可能会为了维护自己的尊严，处处打压女性，甚至施加暴力。

2. 以"你是男孩"为理由，不让孩子哭泣、表现害怕的情绪

佑太和朋友吵架之后回到家，看到妈妈马上就哭出来了。妈妈看到了说："佑太，男孩子还哭，太羞了！"所以佑太不得不强忍着把眼泪憋了回去。

在孩子伤心或者害怕的时候，如果父母一定要孩子坚强，不能哭，也不能抱怨的话，孩子长大之后就会无法自由地表达自己的感情，或者无法控制自己的感情。如此一来，就会积压很多压力，并对身心产生巨大的负担。

3. 父母无法驾驭自己的工作，不控制自己抽烟、喝酒

小亮的爸爸每天都要喝很多保健品。他还经常对小亮说："如果总是挑食是长不成强壮的孩子的。""不早睡可长不高啊。"

但是爸爸经常因为工作的关系很晚都不回家，烟也不戒，还喝很多酒。

父母总是嘴上说让孩子注意健康，可是自己却工作到很晚，睡眠不足，不控制吸烟、喝酒，孩子会觉得透支自己的身体健康去工作，再通过烟和酒来缓解压力是很正常的事。

男孩养育课：在男孩潜意识里种下7颗"成功种子"

父母无法驾驭自己的工作,不控制自己抽烟、喝酒,孩子会觉得牺牲健康的身体也无所谓。

4. 以"都是为了你好"为理由，父母在生活中牺牲自我

彰文的妈妈总是对他说："我是因为怀上了彰文才和爸爸结婚的。"

爸爸和妈妈总是吵架，妈妈有时还会哭。

即便如此妈妈也一直忍着，为了彰文不离婚。

妈妈想离婚，可是经济上、精神上都不独立，只能坚持为了孩子不离婚，还把这当成是对孩子的爱，并且不小心让孩子知道了。

孩子知道以后就会觉得妈妈的不幸都是因为自己，而且会情愿为了妈妈做任何事。这样他就会在潜意识中认为自己存在的意义就是为了别人，当他长大成人之后会为了确认自己的存在意义而为他人付出全部，不这么做就会非常不安。而且，一旦他人生中遇到了坎坷就会顿觉无力，甚至找不到生活的意义。

5. 把自己的梦想寄托在孩子身上

拓也的爸爸本来想当医生，但是他的父母没有让他复读，所以只好当了公务员。因此他无论如何都希望自己的儿子拓也考上医学部，就算复读再多次也没关系。为此全家人都很节约，只为攒出学费，而且爸爸每天晚上都很早就回家看着拓也学习。

有很多父母想要孩子考上自己没能考上的大学，或者让孩子从事自己的理想职业。这是因为他们把孩子当作自己人生的延长线了。乍一看他们好像是为了孩子着想的好爸爸、好妈妈，

孩子还不能反对或违背他们的意愿，甚至还很可能会迎合他们的期待。这些孩子长大以后，即使当上了医生或会计，从事的都是社会地位很高的工作，也感受不到幸福或喜悦，时而有种说不清楚的无力感，甚至会患上抑郁症等心理疾病。

6. 只有在孩子生病的时候才对孩子温柔

佑生的家庭是个双职工家庭，爸爸妈妈每天都很忙，所以平时没有太关注他。只有在佑生感冒生病的时候，爸爸妈妈才会请假在家，非常耐心地照顾他。

如果父母平时很忙，没时间管孩子，只在孩子生病的时候才照顾他、疼爱他，孩子就会觉得：生病真好，我病得越严重，爸爸妈妈对我越好。这会给孩子种下"失败种子"。孩子长大以后就算没有生病，也会总是病恹恹的，而且在巨大的压力之下，或者想要别人关心的时候还会生大病。

7. 把自己的需求摆在第一位，忽略了孩子的需求

和雅总被爸爸妈妈放在奶奶家。他的妈妈认为让孩子看到父母神采奕奕的样子才最重要，于是她去考了芳香疗法治疗师的资格证书，还报了英语学习班，和朋友们一起吃吃饭、听听音乐会，每天都过得很充实。她还想明年去外国短期留学一段时间。但是她很少陪伴和雅。

父母努力、积极地成就自己，确实会带给孩子积极的影响。但是反过来说，没有父母的陪伴，孩子会觉得非常孤单，这也是不容忽视的事实。

第 1 颗 "成功种子"——自爱能力的种子

父母把梦想寄托在孩子身上,操控孩子的人生。

而且有些父母自己还没有成熟，比起照顾孩子来更优先考虑自己的需求，他们的行为都会在孩子的潜意识里种下"失败种子"，让孩子觉得自己是不重要、没价值的人，人生的主角并不是自己。他们长大成人后会不清楚自己真正想要什么，结果一辈子就一直把他人的需求放在第一位。

我要再强调一遍，"自我认同"是孩子生活中非常重要的情感。实际上自我认同感很低的孩子会觉得自己的存在没有什么价值，所以他们不能很好地保护自己的身心，而且很容易就会默默接受别人的攻击或者不讲道理的行为。因为他们深信自己受到这样的对待也是没办法的。但是人只要活着就会有要生存下去的欲望，这是一种本能，所以他们会去寻找存在的意义，这样会让他们觉得自己得到了生活下去的许可。一旦他们感觉不到存在的意义了，就会一下子失去生存的信念。因此可以说自我认同感是关乎生命的。

如果父母虐待孩子或者抛弃孩子，大家都知道孩子会因此受到伤害，这是显而易见的，孩子比较容易得到外界的帮助。而有些父母的言语和行为看起来是为了孩子好，还会给周围人留下非常好的印象，但是实际上却给孩子的内心种下"失败种子"，让孩子觉得自己没有价值，所以父母们一定要多多注意。

7颗"自爱能力的种子"

自我认同感高的人不但会珍惜自己的身心健康,还会认同他人的存在和价值。要想在社会上成功,必须要能够信赖他人,和他人共同协作来实现更高的目标。

下面我来介绍引导男孩人生成功的"自爱能力的种子"。

1. 不随便表扬孩子,表扬时要针对具体事情,要真心实意

表扬孩子是对的,但无论何时何地总是很夸张地表扬,反而会起反效果。

如果一点点的事情都会得到表扬,当没人表扬的时候孩子就会失去动力。如果大人总是很夸张地表扬他:"你真是个善良的孩子。""我最喜欢你的诚实了。"孩子的内心会很矛盾,因为他觉得:"我经常欺负弟弟,我才不善良呢!""撒过谎的我其实应该被人厌恶。"

在表扬孩子的时候要针对具体事情,而且要注意频率,要真心实意,比如使用主语,"妈妈觉得……"例如可以说:"哎?你已经做完作业了?真让我吃惊。你能遵守自己的决定,妈妈很开心。"

2. 间接表扬更有效果

孩子会觉得自己不在场的情况下爸妈说的话更真实。

也就是说，间接的表扬比直接的表扬更能发挥"成功种子"的效果。我经常用的一招就是和我妈妈打电话的时候，故意在电话里表扬孩子，因为我知道孩子在隔壁的房间能听到。也许有人会觉得这像是姑息孩子的手段，但我觉得只要能提高孩子的自我认同感，是可以使用的。

3. "最喜欢你了""爱你哦"可以尽情地说

很夸张地表扬孩子会让孩子内心产生矛盾，对孩子并不好，但对孩子表达爱的话语您可以尽情地说。

表扬孩子坦诚会给孩子扣上责任的帽子，但说"妈妈最喜欢你了"，把妈妈真正的感受传达给了孩子，肯定不是假的，也不会给孩子的内心造成什么负担。

另外，在孩子8岁之前，父母可以和孩子想怎么亲昵就怎么亲昵；9岁之后也可以对孩子做轻抚后背、拍拍肩膀等积极的肌肤接触（当然要控制在孩子不讨厌的程度）。父母温暖的手传达的温度都会成为"自爱能力的种子"。

4. 让孩子尽情释放4种感情

男孩也有悲伤和不安的时候，而且随着年龄的增长，会经历越来越多的挫折和羞耻。

当孩子很消沉或者跟你抱怨的时候，不要没完没了地刨根问底，也不要说教，请先认同孩子的感受，对他说："是吗？你肯定很难过吧！""那确实很吓人。"然后过一会儿再跟他说："我们一起来想想怎么办吧。"

这样孩子就会得到一个讯息：悲伤和恐惧是很正常的事。

悲伤会成为跨越痛苦体验的力量。恐惧会让人面对未来的不安，寻找对策。愤怒让你避开当下面临的危险，而且对解决问题也是有帮助的。快乐是人生的精神食粮。

父母要引导孩子能够直率地表达这 4 种感情。

5. 父母也真实释放 4 种感情

和孩子一样，父母也要在孩子面前如实地表达这 4 种感情，这是非常重要的。

例如说："今天爸爸在工作上失败了。啊……好沮丧啊。不过这下我知道怎么做会失败了，下次就会注意了。"这样先如实地表达悲伤和沮丧，再加上如何吸取这次失败的教训，应该就可以了。

愤怒的时候也要正面传达给孩子，还要加上解决方案。比如说："妈妈今天真的非常生气。因为你撒了谎。妈妈希望你能道歉。"

这样孩子就能学会如何控制愤怒了，他会懂得：当别人不讲理的时候我是可以生气的，而且我也可以告诉对方希望他道歉。

另外，必须要严厉批评孩子的时候，表情和声音可以很严厉，但你可以看着孩子的眼睛，握着他的手。双手的温度会让孩子懂得：虽然妈妈批评我了，但她还是爱我的。

6. 尽可能对孩子保持微笑

父母要尽可能对孩子笑脸相迎。笑容意味着"妈妈在温柔

男孩养育课：在男孩潜意识里种下7颗"成功种子"

批评孩子的时候，表情和声音可以很严厉，
但要看着孩子的眼睛，握着他的手。

地守护着你"。这是给孩子最好的"自爱能力的种子",孩子会从中感受到"我的存在本身就是一件幸福的事"。

7. 培养自爱能力的"话语种子"

父母要在日常的交流中悄悄地在男孩的潜意识里种下"自爱能力的种子",可以选择这样说:

"爸爸和妈妈都觉得小龙能健康地生活就是最大的幸福。"

"妈妈一直在祈祷小优能来做妈妈的宝贝。"

"隆史出生的时候,爸爸高兴得都哭了。"

"纯一好像还没有发现自己所有的优点。"

"如果有来生的话,希望你还来做爸爸妈妈的孩子。"

"大介成功的时候妈妈当然高兴,但你不顺利的时候妈妈也是一直爱你的。"

对孩子来说,父母是世界上最有影响力的、像神一样的存在。请父母一定要给男孩种下很多"自爱能力的种子"。

孕育"自爱能力的种子"的两个"如果"

假设场景向孩子提问可以影响孩子的潜意识,而且亲子间的对话也会加深亲子关系。

下面我们通过两个"如果"的问题,悄悄地在男孩的潜意识里种下"自爱能力的种子"。

1. 如果可以改变自己的面部或者身体的某一个部分，你希望改变哪里？

通过这个问题，父母可以了解孩子对自己身体的哪一部分很自卑。

如果孩子不知道怎么回答好，父母可以先回答，比如说："嗯，妈妈想让自己的鼻梁再高一点。"

如果孩子回答说："我全都想改变。"父母可以发自内心地回答说："哎？是吗？真意外！妈妈非常喜欢健太的长相呢。因为健太的长相真的很不错，只要看着你的脸就会觉得内心很温暖。"

这些假设的问题不但能提高孩子的想象力和思考能力，还有助于增进亲子关系。

父母不要把这个当成负担，如果您能乐在其中，效果会更好。

另外，父母完全没有必要像优等生回答问题一样给出严肃、标准的答案，反而是很直率地说出自己的自卑之处更能让孩子安心，这样孩子才会跟您分享自己的真实想法。

还有，不论孩子怎么回答，父母都不要责备孩子或者说教，不然孩子就不会吐露心声了。

吃惊也好，觉得好笑也好，请各位父母从内心接受孩子的真实心声吧。

第1颗"成功种子"——自爱能力的种子

如果可以改变自己的面部或者身体的某一个部分,你希望改变哪里?

2. 如果离世前只能对一个人说些什么，你想对谁说什么？

我们可以通过这个问题了解孩子潜在的人生观和人际关系。同时，父母的回答本身也可以成为送给孩子的"自爱能力的种子"。所以父母可以回答"爸爸当然要跟小武说'我爱你'了"等等。

如果孩子反问："可是，我死的时候爸爸妈妈应该都不在了吧。"您就可以借此帮助孩子展开想象，比如说："啊，确实是。不过爸爸妈妈可能在天上听着呢，而且小武可能像现在的爸爸一样，已经有了自己的家庭。"

父母无条件的爱才是最重要的"自爱能力的种子"

培养孩子的自我认同感最重要的是，在孩子的潜意识里好好地种下一颗"成功种子"，即"你只要活着就是有意义的"。

不过要注意的是，不要让这颗"成功种子"变成"失败种子"，让孩子觉得"你对我有用所以才有价值"。

清文先生（30岁）是医生，他的妈妈是牙科医生，清文的外公也是医生，而且一直想让清文的妈妈继承自己家的医院，所以她从小就一直被要求特别努力地学习。但遗憾的是，清文的妈妈复读了三次也没能考上医学部，没办法只能上了牙医学

第 1 颗"成功种子"——自爱能力的种子

如果离世前只能对一个人说些什么，你想对谁说什么？

部。这对她来说是一段痛苦的经历。她不希望自己的独生子清文经历跟自己一样的挫折，所以她拼尽了全力也要让儿子考上医学部。

清文终于不负期望，一次就考上了医学部。

看起来清文先生的人生会一帆风顺了，可是他在做研修医生的时候过敏性大肠炎和抑郁症并发，不得不休息了一年。之后勉强能回到大学附属医院的内科上班，可是又患了胃溃疡。

清文先生在我这里接受心理治疗，发现了自己的潜意识里的"失败种子"，即"自己的存在意义是为了实现母亲的梦想"。

我和清文先生的妈妈面谈了之后，他的妈妈也意识到自己过于关注儿子，以至于把自己的梦想强加给儿子了。后来他的妈妈告诉他，自己真的是从内心爱他的，还哭着说："不管你想做什么，你都可以去做。"

后来，清文先生重新开始寻找自己想要做的事情，最终结合了自己的经历，把精神科作为自己的专业。他的身体情况也完全好了。

像清文先生妈妈一样的父母，表面上心心念念的是孩子的成功，实际上是把自己身上的种子（"失败种子"）深深地种在了孩子的潜意识里。更进一步来说，从清文先生妈妈的例子里我们可以知道，父母本身被种过同样"失败种子"的人格外地多。

是的，"失败种子"是会超越世代发生连锁反应的。

反过来说，如果父母意识到了这一点，随时都可以重新种下"成功种子",就算孩子已经长大成人了也没有关系。

无论如何,最重要的是要认同孩子,并且把爱孩子的心情充分传达给孩子。

当父母为了保护孩子的身心健康需要告诉孩子必要的规矩的时候,就要严肃地教导孩子;而需要向孩子传达自己的爱的时候,就要用言语和态度来表达自己无条件的爱。

对孩子来说,能够深切地感受父母无条件的爱,就能得到最为重要的"自爱能力的种子"。

第 2 颗 「成功种子」——学习能力的种子

第 2 颗"成功种子"——学习能力的种子

如今,偏差值教育(所谓"偏差值",是指相对平均值的偏差数值,是日本人对于学生智能、学力的一项计算公式值。偏差值反映的是每个人在所有考生中的地位)的问题一直是热议话题。现状依然是偏差值高的大学毕业生收入更高,从事的职业更好,社会地位也更高。现在父母最应该优先做的事情是尽可能地增加孩子获得成功的选择概率,争论的事情就交给专家们吧,父母还是先给孩子种下"学习能力的种子",这样将来孩子在选择职业的时候就会有很多可能性。

男孩养育课：在男孩潜意识里种下7颗"成功种子"

绝对不能种下的"失败种子"

我认为要想在今后的时代生存，男孩必须拥有一颗"成功种子"，那就是"竞争力"。可以无忧无虑"牵着小手排排坐"的也就是幼儿园的时候，很明显，在现实社会中学历高还是很有利的。

如果过于呵护孩子，只照着漂亮话和理想论培养孩子，孩子就会成为一个对现实社会的严峻形势畏首畏尾的人，但也不能因此就不管不顾地一味叫孩子努力学习拿到高学历。

下面我就来介绍一下父母的哪些言行会成为阻碍孩子学习能力提高的"失败种子"。

1. 让孩子拼命学习，父母却沉溺于看电视、玩手机

小健的妈妈希望小健将来能找到一份条件相对好的工作，所以就算自己看电视，或者用手机刷LINE①的时候也会凶巴巴地让孩子学习。

---

① LINE是韩国互联网集团NHN的日本子公司NHN Japan推出的一款即时通信软件，相当于微信。

父母嘴上强调学习的重要性，自己却沉迷于电视和手机难以自拔的样子会在孩子的潜意识里种下"失败种子"。孩子会认为比起学习，悠闲地做自己想做的事才更舒服。孩子长大了也会不停地拖延不得不做的事情，然后后悔自己没能实现目标，不断地重复同样的状况。

2. 无法回答孩子"为什么必须学习"的疑问

小彻的妈妈对他说："你抓紧学习吧！"于是他问妈妈："为什么我必须要学习呢？"

妈妈回答说："孩子的任务就是学习，不要找借口，快点儿！"

这个问题孩子都会问吧。如果父母给出的答案孩子不能接受的话，就会在孩子的潜意识里种下"失败种子"，孩子会觉得不得不学习的理由是不存在的。孩子长大之后很可能会成为要求孩子学习自己却一点儿都不努力的父母。

3. 比起学习质量，父母更在乎学习的时长

雅人和妈妈约定好了，每天都要做两个小时的数学练习，如果和朋友们玩儿得很累了，或者从补习班回来晚了，就要学到半夜12点。

如果父母比起学习质量更在乎学习的时间和数量，而且还强制孩子按照时间和数量来完成的话，就会在孩子的潜意识里种下"失败种子"。孩子会觉得不管结果如何，只要努力就行。

男孩养育课：在男孩潜意识里种下7颗"成功种子"

让孩子拼命学习，父母却沉溺于看电视、玩手机，孩子不会真正重视学习。

这样孩子长大之后只会一味地努力，却得不到满意的结果，这样的生活方式是非常没有效率的。

而且一定要逼着孩子削减睡觉时间来学习的话，就会在孩子的潜意识里种下"失败种子"，孩子会认为工作比健康更重要。

4. 给孩子灌输式的、提高偏差值的学习方法

小新的爸爸总是说："总之语文和数学的成绩很重要。体育、美术、音乐的成绩一般就可以了，你要花更多精力在语文和数学上！"所以小新每天都会做语文和数学的练习题。

如果只是让孩子学考试必考的科目，孩子就只能成长为没有应用能力和变通能力的人。

以东京大学为代表的日本顶尖大学，还有外国的知名大学，都要考核学生的应用能力和创造性，所以仅按照应试教育的方法培养孩子，恐怕孩子以后是无法应对这样的考试的。

到小学阶段，能够调动身心的活动是最好的学习。运动和读书、旅行、野营，都可以培养孩子的好奇心和注意力，这与提高孩子将来的学习能力有着非常密切的关系。

5. 企图靠孩子实现人生的逆袭

敏彦的爸爸出轨了，抛弃了敏彦和他的妈妈。所以他妈妈一心想要报复丈夫。她下定决心一定要让敏彦考上国立大学或有名的私立大学，她从早到晚地工作就为了赚补习费和教育费。

有的父母希望通过孩子的人生来洗清自己人生的耻辱和发

泄愤怒。

就算父母本来是为了孩子的幸福才这样做的,但实际上这么做就相当于夺走了孩子的人生。孩子会为了回应父母的辛劳和期望拼命地学习,这都会在孩子的潜意识里种下"失败种子",让孩子觉得如果自己不能成为最优秀的人让父母骄傲,就没有任何存在的意义了。这样的孩子经常会感到紧绷着的弦突然断掉,或者在健康上、精神上出问题。

6. 娇惯孩子,不希望孩子辛苦地面对竞争

浩一的妈妈很反对偏差值教育。她觉得逼着孩子参与竞争会给孩子的身心造成很大的负担,或者不利于孩子的性格成长。所以她总是说:"学习和运动都不需要那么拼命,小浩像现在这样就已经足够好了。"

如果父母总是不让孩子承受一点压力,那孩子以后对压力的承受度一定会很差。

而且这样做也培养不了孩子的毅力和专注力,孩子以后会对理想和现实的差距感到非常痛苦。一旦种上了这样的"失败种子",孩子很可能会成为没有积极性、没有野心、协调性差的人。

7. 父母自己不读书

英树家的书架上放着很多漫画和杂志。那是因为英树的爸爸、妈妈不爱读书,更喜欢漫画和杂志。

如果父母没有读书的习惯,或者书架上的漫画比书还多的

第 2 颗 "成功种子" ——学习能力的种子

娇惯孩子，不希望孩子辛苦地面对竞争，
孩子会难以承受社会的压力。

话，就会在孩子的潜意识里种下"失败种子"。孩子会觉得读书很没意思，要读就读读漫画。

没有阅读习惯的孩子的语言能力、想象力、思考能力和共情能力整体都很差，而这些能力都是成功所必需的。而且事实也证明了，不爱读书的孩子比爱读书的孩子学习能力要差。

如果父母自身并不了解学习的乐趣，或者让孩子误解了学习的意义，孩子也就无法感受到学习的魅力。如果学习没有魅力和意义，那孩子就会尽可能地逃避学习。如果不能让孩子觉得"学习有益，所以我想知道更多、记住更多"，那学习对孩子来说就只有痛苦。

父母只是嘴上说学习重要，自己既不读书，又不学习新事物，反而沉迷于手机、电视，或煲电话粥，孩子就会觉得那才是父母内心的真正想法。

比起父母说的话，孩子从父母做的事中学习得更多。请父母们千万不要忘了这一点。

7颗"学习能力的种子"

我小时候读平假名、片假名和数字都很困难，我一直怀疑自己有学习障碍。但幸运的是，我的父母特别喜欢读书，在我还是婴儿的时候家里就到处都是书，所以我很自然就养成了阅读的习惯。实际上阅读为我克服学习上的困难带来了很大的帮助。

下面我就来介绍一下父母能给予孩子的有效的"学习能力的种子"。

1. 千方百计让孩子喜欢书

如果能让孩子喜欢书,那就相当于给孩子种下了最大的一颗"学习能力的种子"。为什么这么说呢?语文就不用说了,所有其他科目也是要在读懂的基础上理解、思考或者记忆。

让孩子喜欢书的最好办法就是在他还是婴儿的时候就读书给他听,按照绘本、儿童书、小说的顺序读。

父母在做家务的时候还可以对孩子说:"你把那本书读给我听吧。"让孩子给自己朗读。这样父母和孩子可以一起享受读书的时光,孩子不仅能够体会读书的乐趣,还能体会给人读书的乐趣。

2. 让孩子知道学习有哪些益处

如果孩子知道学习的好处和不学习的坏处,相信他自己就会去学习了。

比较有效的方法是,在看电视剧或动漫的时候,父母可以发自内心地喃喃自语:"啊,文化水平高的人果然眼中总是闪烁着智慧的光芒啊!""不管怎么说,学历高的人就是有优势,选择也更多。"孩子听了会觉得父母说的是真心话,马上就会把这些话吸收到自己的潜意识里。

男孩养育课: 在男孩潜意识里种下7颗"成功种子"

千方百计让孩子喜欢书,就相当于给孩子种下了一颗"学习能力的种子"。

另外，比起直接对孩子说学习很重要，不如给孩子讲一些寓言故事，对他的潜意识的影响会更大。我推荐伊索寓言里面的《蚂蚁和蟋蟀》的故事。

3. 劳逸结合，缩短整体学习时间

要想种下"学习能力的种子"，学习是必不可少的。但是学习是有诀窍的，并不是说让孩子长时间地学习就能学好。

孩子能集中精神的时间是有限的。就算到了小学高年级，15 分钟也是一个极限，最好休息一下，这样有利于孩子集中精神。

而且整体的学习时间也要尽量缩短。小学一年级每天 15 分钟，二年级 20 分钟，三年级大概 30 分钟就足够了。

总之，要让孩子养成习惯，集中精神在一定的时间内完成定量的功课。就算孩子做错了，也绝对不要强制延长学习时间，让孩子厌烦。

4. 活用"皮格马利翁效应"

皮格马利翁效应是指事情会倾向于朝着人们期待的方向发展。不过如果父母总是迫切地期待孩子成功，比如对孩子说："你只要做就一定能做到。""你绝对能考入某某大学。"只会给孩子徒增负担。

所以父母不要这样做，而应该相信孩子一定能找到自己想做的事情，发挥更强的实力来实现自己的人生。

这样的信念即使父母没有说出口，也会通过态度和表情传

达出来,成为"学习能力的种子"。

5. 父母也要有自己的目标,并努力践行

如果想在孩子的潜意识里种下"学习能力的种子",父母自己首先要有目标,然后让孩子看到自己为了目标而认真努力的样子。

这样做就有了"成功种子",孩子会知道人生要有目标,学习也是理所当然的、快乐的事。

6. 选择适合孩子的学习方法

您的孩子是擅长通过耳朵获取信息的听觉派,还是擅长观察的视觉派,抑或是擅长感受的身体感觉派呢?

根据孩子的特点选择学习方法,你会发现其效果大为不同。

如果孩子是听觉派,可以让孩子通过朗读和听力来背诵。

如果孩子是视觉派,就可以读书,在练习册上用不同颜色的笔标注重要的部分,做到一目了然,这样能提高孩子的背诵能力。另外,还可以在孩子看得到的地方贴上学习目标。

如果孩子是身体感觉派,建议您让孩子一边移动身体一边背诵,还可以让屋子里充满孩子喜欢的香气。

请父母先观察一下自己的孩子是哪种类型的孩子。

7. 提高学习能力的"话语种子"

请父母在日常的交流中悄悄地在男孩的潜意识里种下"学习能力的种子",可以这样说:

"不管怎么说,有学历的人总是占优势。"

"啊，要是一年前就开始学英语就好了。那现在我就会说英语了。"

"如果爸爸能回到孩童时代，我会更加努力地学习。因为孩童时期大脑记忆力更好，不容易忘。"

要想把孩子培养成将来成绩好的孩子，最有效的方法还是"阅读"。阅读的作用不仅在于提高学习能力，还能了解很多人的人生和内心。书里面有很多能让孩子坚强生活、开拓幸福人生的提示。

孕育"学习能力的种子"的两个"如果"

假设场景向孩子提问可以影响孩子的潜意识，而且亲子间的对话也会加深亲子关系。

下面我们通过两个"如果"的问题，悄悄地在男孩的潜意识里种下"学习能力的种子"。

1. 如果接下来的一年里，每次考试的前一天都有人偷偷告诉你试题的答案，你想让他告诉你吗？

这可能是每个孩子都憧憬过的情形。

随着孩子年龄的增长，他对未来的思考深度会有很大变化，但无论孩子处于什么样的阶段，最重要的都是要唤起他自主学习的意愿。因此，如果孩子回答说："当然会让他告诉我了。"父母就可以把孩子向自主学习的方向引导，比如说："是啊，爸爸小时候也总这么想呢。不过如果是现在，我可不会这么想了。因为要是一年之后考试分数忽然变差了，那多丢人啊。"

回答重点不是说教，而是把自己的真实感受说出来。

2. 如果今后3年之内无法学习，或者每天必须学习3小时，你希望选择哪一种？

这个问题对孩子来说也很难回答。

如果孩子回答说："我每天可学不了3小时。那肯定还是无法学习更好吧。"父母可以幽默地告诉孩子自己的想法："原来如此。每天学习3小时确实很辛苦，妈妈也会选3年不学习吧。不过3年之后，就完全跟不上学习进度了，只好到低3个年级的班级去。可能也不错，就当作是重过青春了吧。"或者提示孩子人生还有很多选择，比如说："每天逼着自己学3小时，可是了不起的力量。接下来的3年可能就轻松多了。""如果3年无法学习，那干脆找一个不用学习就能做的职业好了。可以用这3年的时间来为这个职业做必要的进修。"这样说也会成为"成功种子"。

第 2 颗 "成功种子"——学习能力的种子

如果接下来的一年里,每次考试的前一天都有人偷偷告诉你试题的答案,你想让他告诉你吗?

男孩养育课：在男孩潜意识里种下7颗"成功种子"

如果今后3年之内无法学习，或者每天必须学习3小时，你希望选择哪一种？

"学习能力的种子"
可以拓展人生的可能性和选择范围

前面我们提到了,偏差值教育带来的问题有很多,但高学历的人收入高,能做社会地位高的工作,这依然是现实。

虽然考上大学并不是通往成功的唯一道路,但是能够年纪轻轻就创业成功,或者依靠特殊才能养活自己的人毕竟还是少数。

在日本好像几乎所有人都考上大学了,其实大学升学率只有50%。也就是说,有一半的人没有拿到大学毕业证就进入社会了。另外,卫生劳动部的调查显示,大学毕业和高中毕业的新入职员工的工资差额约有45000日元,整个一生的收入差额达4000万日元以上。

虽然金钱并不能代表人生的全部,但生活水平差距会很明显,这是毋庸置疑的。而且不仅仅是收入的问题,学历不同受到的待遇也不一样,尤其是本人怀有的自卑感是很难用道理来说通的。尤其是男孩,学历导致的不同待遇带来的耻辱感会更强烈。

父母自然会想:如果你想带着屈辱过一生的话,那你随便读什么大学都行。而要想超过别人,出人头地,当然读一流的大学会更有机会。

现在的男孩有三个选择：上一流的大学然后进入一流企业工作或当官员；朝着以后就业前景好的专业努力；干脆向着外国的一流大学努力。

在这里我发自内心地建议大家让孩子朝着以后就业前景好的专业努力，这可不是什么漂亮话。

反正都是要很刻苦地学习，最好就是拿到可以养活自己一辈子的资格证书，尽量兼顾生活的意义，做一份能够得到人们尊敬的工作。

还有一个办法就是先当上医生、律师、会计师、官员，一边工作或者说是赚钱，一边着手做自己想做的事。而且还要有关键时刻一决胜负的勇气，先自己站稳脚跟，得胜的概率会高很多。

实际上我的两个孩子一个做了医生，一个做了兽医，但他们都在一边工作，一边追求真正的理想，活得朝气蓬勃。

他们两个人都说："复读和准备高考真的很辛苦，但我一点都不后悔。"

给孩子种下"学习能力的种子"，不但能拓展人生的可能性和选择范围，还能给孩子同时种下自信、安心、寻找生存意义的种子。

您只要尽力去做就可以。一定要给孩子种下"学习能力的种子"。

第3颗『成功种子』——
社交能力的种子

第3颗"成功种子"——社交能力的种子

据说人的烦恼90%以上都来自人际关系。确实,我的咨询者和听我讲座的朋友们大部分烦恼的都是人际关系。就连大人都会这样,人生经验尚浅的孩子也肯定有很多搞不清楚的地方。

孩子的世界是大人世界的缩影。如果在孩提时代给孩子种下"社交能力的种子",孩子以后肯定可以很顺利地跟人共同协作。

绝对不能种下的"失败种子"

欺凌,拒绝上学,自杀……

我感觉最近听到的这种新闻越来越多了,其中一个原因肯定就是孩子欠缺沟通能力。

下面我来介绍一下让孩子产生"沟通障碍"的"失败种子"。

1. 对孩子的关怀"无微不至"

康弘的妈妈绝对是把康弘的幸福放在第一位来考虑的,所以她总是抢先一步猜到康弘心情如何、想要什么,在养育的过程中也总是细致入微地关怀康弘,不让他感到寂寞、悲伤,不让他经历挫折。

如果父母太爱孩子,总是面面俱到地满足孩子的需求,安排好孩子的生活,就会在孩子的潜意识里种下"失败种子"。孩子会觉得:反正妈妈都会满足我,我完全没有必要去感受,也没有必要想自己需要什么。

这样当孩子进入社会以后一旦遇到不如意的事情,很有可能就会想：为什么别人就是不懂我怎么想的呢？他们只考虑自己，总觉得很受伤，一旦得不到自己想要的东西，心情马上就会变得很差。

2. 在孩子面前说对方或他人的坏话

雅人的爸爸总是跟雅人说："你妈妈真是的，总那么急急躁躁的，简直是歇斯底里。"

他妈妈总是说："你爸爸真是只考虑自己。"

有时妈妈还会在电话里跟关系很好的朋友说雅人朋友妈妈的坏话。

如果父母总是跟孩子说对方的坏话，或者说别人的坏话，就会在孩子的潜意识里种下"失败种子"。孩子会认为：别人是不能信赖的，所以不能跟别人太接近。

当孩子长大后，他们要么无法从内心信赖朋友和恋人，要么在没有意识到的情况下就做出一些让人讨厌的言行，要么过着形只影单的生活。

3. 只让孩子了解和看到"高尚、正确、美丽"的事情

留一的父母告诉他："人都是互相爱护、互相帮助的。你绝对不能撒谎，或者有什么不诚实的行为。"

如果父母只跟孩子说"高尚、正确、美丽"的理想论调，就会在孩子的潜意识里种下"失败种子"。孩子会认为：一定要有美丽的心灵、正确的言行，不能有一点儿缺陷或过错，不然就是很糟糕的人。

男孩养育课：在男孩潜意识里种下7颗"成功种子"

只让孩子了解和看到"高尚、正确、美丽"的事情，
孩子将来会难以接受社会现实。

实际上人无法一辈子都做圣人，社会还有很多阴暗面。

如果父母像上面说的那样教育孩子的话，孩子将来就很难接受社会的阴暗面，可能会成为无法很好适应社会的人。

4. 因为"还是小孩子嘛"，而轻视孩子的暴力行为

拓野是一个特别能撒娇的孩子。他在撒娇的时候总是一边说"傻瓜，傻瓜，傻瓜！"一边捶妈妈的肚子和后背。他妈妈只是很温柔地抚摸着他说："不能这么做啊。"

如果家长总是用一句"就是小孩子任性"，而放任孩子小小的暴力，就会在孩子的潜意识里种下"失败种子"。孩子会认为在事情不能如自己所愿或者生气的时候，有一些暴力行为也是可以的。

当他们长大之后，很有可能在遇到比自己弱小的人时暴跳如雷，或者对迁就自己的女朋友施加暴力。

5. 总是把学习和兴趣班放在第一位，把交朋友放在第二位

和良说："妈妈，今天我和朋友们约了一起玩儿。说好的时间到了，我可以去吗？"

结果妈妈说："你说什么呢！你不是和我说好了出去玩儿之前要先写作业吗？而且今天是上英文补习班的日子，你可不能说话不算数啊。"

今天和良又成了唯一一个无法赴约的人。

如果父母总是轻视孩子和朋友间的交往，让孩子随便失约的话，就会在孩子的潜意识里种下"失败种子"。孩子会认为比

因为"还是小孩子嘛",而轻视孩子的暴力行为,
孩子会成为一个喜欢使用暴力的人。

起人际关系更应该优先考虑自己的计划。

这样做首先会影响孩子和朋友之间的关系。

之后孩子很可能就不去交朋友了，或者是没人想找他做朋友了。

6. 父母做错事时不向孩子道歉

小初的妈妈总对小初说："你是不是该说'对不起'啊？"但是妈妈犯错的时候，或者没有遵守约定的时候，却从来没跟他道过歉。

如果很明显是父母犯错或者失信了，却没有跟孩子道歉反而强词夺理的话，就会在孩子的潜意识里种下"失败种子"。孩子会觉得做错事情的时候也没有必要道歉，强硬的人不道歉也没关系。

孩子长大成人之后肯定会做很多错事。

如果做错事情的时候不能直率地道歉的话，上级和下属自不必说了，家人也会很讨厌你。

7. 限制孩子交友

邦夫的爸爸总是对他说："朋友很重要，所以一定要挑好了再交往。"而且他坚决不让邦夫和比他学习成绩差的孩子或者评价不好的孩子一起玩儿。

如果父母总是干涉孩子交朋友，不让他自由地跟朋友玩儿，就会在孩子的潜意识里种下"失败种子"。孩子会认为：和很多人交朋友太麻烦了，还不如一个人的好。

一旦种下了这样的"失败种子",孩子长大以后就会觉得自己无法融入周围的环境,即使加入某个团体也总会觉得不舒服,这样就无法跟他人建立亲密关系了。

人是社会型的动物,一个人是绝对生存不下去的。而且我们在和他人进行亲密、温暖的交流时,能发自内心地感受到幸福。

一个人无论事业多么成功,或者多么有钱,如果没有这样亲密的人际关系,是谈不上幸福的,也算不上真正的成功者。父母如果在不知不觉中在孩子的潜意识里种下"社交障碍的种子",就会让孩子成为孤独的人,请父母们一定要注意避免。

7颗"社交能力的种子"

能够与人顺利交往的人绝对不是八面玲珑、处事圆滑的人,而是在生活中能够从对方的立场理解对方、能够跟别人共情、在自己不觉得有压力的状态下和别人愉快地合作的人。不用说,这样的人会被很多人喜欢、信任。

社会上的成功者并不是只靠自己就能随随便便获得成功的,他们要么是抓住了别人直接给的机会,要么是获得了别人的信息,间接抓住了机会。

所以请父母一定要给男孩种下"社交能力的种子"。

1. 训练孩子学会读懂对方的表情和氛围

有沟通障碍的孩子最大的缺点就是不会解读氛围。要想解读氛围，必须有观察对方的表情和氛围的能力。

父母在和孩子说话的时候，如果发现孩子总是自己在说，也不附和别人的话，不看着对方，就要提醒孩子注意。如果这样做孩子还是意识不到，父母可以打断对话，适时地对孩子说："要是妈妈总也轮不到说话，妈妈会觉得很无聊的。"还可以跟孩子表演各种表情，问他每种表情代表什么心情，让孩子一起表演，这样的做法都是在种下"成功种子"。

2. 培养孩子倾听的能力

不会倾听别人说话的人会被人讨厌。好好听对方说话是非常必要的，同时还要让对方知道你在听他说话。

父母在听孩子说话的时候要表现出很感兴趣的样子，而且还要有跟孩子共情的表情。使用"哎""是吗""啊""真厉害""确实如此""噢"等丰富的语气词来回应孩子的话，效果会非常好。

这样就能在孩子的潜意识里种下"成功种子"，孩子会懂得一定要非常认真地倾听对方说话。

3. 培养孩子说话的能力

交流的基础就是倾听和说话。不过只是倾听别人的话是无法和别人建立亲密关系的,因此说话的能力就非常重要了。

另外,说话的能力就是一种表达能力,所以前面提到的阅读会发挥巨大的作用。

实际上,孩子理解复杂语义的能力、与人交谈的能力的强弱是与阅读、父母的表达能力还有在家的对话量成比例的,所以父母要注意不要抢着说话,也不要总是代替孩子说话。

4. 让孩子不欺负人,也不被欺负

要想让孩子不欺负人,也不被欺负,就必须让孩子有说"不"的勇气。在被迫做不喜欢的事或者被要挟的时候能够明确说"我不喜欢"的孩子,会让那些欺负人的孩子感觉不好惹。

为了让孩子能做到这一点,父母要让孩子看到自己明确拒绝别人的行为,比如受到别人邀请又想拒绝的时候不要说谎,直接跟对方说:"对不起,我不想去。""谢谢您。但是这个月我还有其他想做的事,所以不能参加了。"

这样就会在孩子的潜意识里种下"成功种子",孩子会知道不想接受的时候只要明确拒绝就可以了。

5. 培养孩子发现并赞美他人长处的能力

那些总盯着别人的缺点和与自己不同之处的人会招人厌恶或者让人退避三舍,这样对自己很不利,而且别人也会敬而远之。

相反,总是能发现别人优点、找到与自己有共同点的人,很容易喜欢上别人,也很容易受到他人的欢迎。而且经常赞美

第3颗"成功种子"——社交能力的种子

要想让孩子不欺负人,也不被欺负,
就必须让孩子有说"不"的勇气。

别人的人也容易博得他人的好感。

请父母一定要试试跟孩子一起做游戏，比如各自找出孩子的朋友或者电视、书中的主人公的优点，轮着说一说，一定会有出人意料的效果。

6. 培养孩子从书籍或电视节目中获得共鸣的能力

要培养孩子共鸣的能力，我建议父母在和孩子一起读书或者看电视的时候，让孩子猜猜出场人物的心情。

比如说："你觉得这个人现在是什么心情？妈妈觉得……""这个人为什么要这样说呢？"这样就会在孩子的潜意识里种下"共鸣能力"这颗非常强有力的"成功种子"。

7. 有助于社交的"话语种子"

请父母在日常的交流中悄悄地在男孩的潜意识里种下"社交能力的种子"，可以这样说：

"早上好，路上慢点；你回来啦，晚安。"

"某某同学的这方面很棒。"

"某某同学要是能在棒球比赛中打出好成绩就太好了。"

好的沟通能力是在职场和家庭中建立良好的人际关系的基础，而且良好的人际关系是丰富男孩的人生、为他们带来成功的法宝。父母一定要在男孩的潜意识里种下"成功种子"，让孩子能够多为他人的立场和心情着想，并具备把自己的心情传达给对方的能力。

第 3 颗 "成功种子" ——社交能力的种子

孕育"社交能力的种子"的两个"如果"

假设场景向孩子提问可以影响孩子的潜意识,而且亲子间的对话也会加深亲子关系。

下面我们通过两个"如果"的问题,悄悄地在男孩的潜意识里种下"社交能力的种子"。

1. 将来长大了,你会选择做一个非常有钱但是没有心爱的家人的人,还是做一个虽然很穷但是有心爱的家人的人呢?

要选择金钱还是亲情,这个问题对成年人来说都很难。孩子对这个问题的答案很可能会反映出父母对金钱和亲情的真实想法。

不管父母怎么在嘴上说家人才是最重要的,如果内心还是想着"就算有心爱的家人但没钱还算不上幸福"的话,父母表现出来的微妙态度和行为就会把真正的想法传达给孩子。

如果孩子不是开玩笑而是一本正经地说:"我要当那个有钱人。"父母可以回答说:"是啊,钱确实很重要。但如果是爸爸的话,爸爸还是想有儿子。"

2. 如果在山里遇难了,你和家人及其他三个陌生人在一起,不知道救援何时会到,你的包里只剩下两块巧克力了,你会分给其他人吗?又会如何分配呢?

这个问题可能会引出很多种答案,孩子很可能不会马上做

男孩养育课：在男孩潜意识里种下7颗"成功种子"

将来长大了,你会选择做一个非常有钱但是没有心爱的家人的人,还是做一个虽然很穷但是有心爱的家人的人呢?

第 3 颗 "成功种子"——社交能力的种子

如果在山里遇难了,你和家人及其他三个陌生人在一起,
不知道救援何时会到,你的包里只剩下两块巧克力了,
你会分给其他人吗?又会如何分配呢?

出回答。

父母可以先来回答一下，回答的时候不要马上就说："当然要先偷偷给家人吃了。"可以说："嗯……这个问题太难回答了。妈妈当然想先给家人吃。不过其他人也都是别人重要的家人啊……"这样可以很自然地让孩子明白，别人也和我们一样，都是非常重要的，这样就种下了"成功种子"，可以培养孩子的共情能力和想象力。

祖父母隔代种下的社交障碍的种子

男性更容易出现"交流障碍"。他们潜意识里的"交流障碍的种子"其实在孩提时代就已经被种下了。而且下面这些在孩提时代就有的问题，即便长大后也还是会继续困扰他们。

孩提时代		成人之后
不想上学	→	不想上班
肚子疼休病假	→	胃疼休病假
害怕老师	→	害怕上级
某某同学欺负我	→	不擅长和某个人打交道
大家都不跟我玩	→	和同事相处得不好
不想和朋友一起玩，更愿意一个人打游戏	→	和女性有交往，但无法跨入婚姻殿堂
总和朋友们吵架	→	和妻子相处得不融洽

让人担忧的是，这些人际关系的烦恼会对孩子的身心造成不好的影响。

不管工作多么顺利，如果在人际关系上有很多烦恼的话，就不想上班。如果在家庭里失去了容身之处，就会讨厌回家。如果变成这样，那哪里还有自己的安身喘息之地呢？爸妈家？一把年纪的大男人却只能回到爸妈家，在妈妈身边才能放松地休息，也太没出息了吧。

这些有沟通障碍的男士，一般在孩童时代和父母相处的时候就被种下了"失败种子"，而且其根本原因就是父母自身的沟通能力很差，或者很幼稚。

如果父母想到："啊，这么来说的话，在担心孩子之前，可能要先担心自己，可能做父母的我们在人际关系和沟通方面也有各种压力。"那么您可以反思一下您和父母的关系，一定会想到些什么。

想到之后再思考一下当时自己的父母如何对待自己，自己会觉得好过一点，然后在想象中重新接纳童年的自己。

如果这么做的时候眼泪流了下来，那并不是现在的你在哭，而是你潜意识里的"童年时代的你（内心的小孩）"在哭。

你可以在心里对童年时代的你说："你很难过、很孤单是吧。你真的很努力了。已经没事了。"如果你能这样做的话，你内心的"失败种子"就能变成"成功种子"。之后父母要做的最重要的事就是，同样安慰您最珍爱的儿子。

这么做会是您能送给孩子的最好的"社交能力的种子"。

第 4 颗『成功种子』——
爱的能力的种子

第 4 颗"成功种子"——爱的能力的种子

在父母看来,自己的孩子是世界上最可爱的孩子,简直是含在嘴里怕化了,宝贝得不得了,但是孩子不可能一直都待在父母身边。父母都想看到自己的孩子建立家庭、幸福生活的样子。为此,很有必要让孩子成为受人欢迎的男孩。妻子和孩子爱他,上级青睐他,下属崇拜他,朋友喜欢他。

请在男孩的潜意识里种下这样的种子吧!

男孩养育课：在男孩潜意识里种下7颗"成功种子"

绝对不能种下的"失败种子"

总是被喜欢的女孩子甩，能称得上是密友的朋友一个都没有，被上级疏远，被下属刻意回避，被妻子和孩子嫌弃……这些都是被种在孩子潜意识里的"失败种子"惹的祸。

我们赶快来一起看看"失败种子"都有哪些吧。

1. 因为他是男孩，所以不让他做家务

小俊的姐姐总是抱怨："为什么总是只让我一个人帮忙做饭和收拾桌子呢？"

妈妈说："女孩子早晚要为家里人做这些事的，现在就是练习。小俊是男孩，所以我不是总让他去搬东西吗？"

如果不让男孩帮忙做家务，孩子长大以后受女士喜欢的程度就会比较低。在现代社会，男女共同工作的情况是非常常见的。结婚后生孩子的责任是由女性承担的，但是如果男士不能同等地分担家务和育儿，就会被看作能力差的男人。

今后的男生必须具备的一个"成功种子"就是"受女士欢迎的程度"。

"受女士欢迎的程度"低的男人，很可能找不到愿意与之结婚的女性，或者在中老年的时候被妻子抛弃。

2. 总是把孩子当成小婴儿一样对待

纪夫的妈妈总是说："这可不行啊，纪夫总是还像个小孩一样。"然后又笑盈盈地对孩子有求必应。

如果妈妈太爱孩子，总把孩子当成小婴儿一样对待的话，就会在孩子的潜意识里种下"失败种子"，让孩子觉得：妈妈不希望我长大。我只要一直都像小婴儿一样可爱，妈妈就会一直爱我。

孩子长大以后，会总是对女朋友或妻子摆架子，还希望女朋友或妻子像妈妈一样照顾自己。

3. 母亲太邋遢或打扮太过花哨

智久很不喜欢把朋友叫到自己家里来，因为他不想让朋友看到自己的妈妈。他妈妈在家总是蓬头垢面的，衣服也是皱皱巴巴的。

良太也不喜欢把朋友叫到自己家里来，因为他嫌妈妈打扮得太花哨了。他妈妈总是化很浓的妆，穿迷你裙，他不好意思让朋友们见到这样的妈妈。

如果孩子的妈妈太不在意自己的外表，就会在孩子的潜意识里种下"失败种子"，孩子会觉得女人在家的时候都很邋遢。

如果孩子的母亲打扮太过花哨，也会成为"失败种子"，孩子会觉得女人不论到了什么年纪都很幼稚。

男孩养育课：在男孩潜意识里种下7颗"成功种子"

母亲太邋遢或打扮太过花哨，都会导致孩子对女性的怀疑。

这两种情况都会导致孩子对女性的怀疑。

4. 把孩子培养成理想的王子类型

正平的妈妈总是说:"正平是妈妈的王子哦。"

总是憧憬着遇到自己的白马王子的幼稚妈妈,在现实世界对丈夫的期望已经幻灭,于是希望儿子成为自己理想中的男士,这会在孩子的潜意识里种下"失败种子"。孩子会认为一定有公主在哪里等着他,而且以后他也会喜欢跟妈妈一样、长大成人后也摆脱不了稚嫩的女性。但是当他发现现实中并没有公主的时候就会觉得非常失望,还不断地去寻找公主。

5. 像佣人一样伺候孩子

小弘的学习成绩很优秀,他的爸爸妈妈像佣人一样伺候着他。

小弘发脾气说:"今天我考试的时候肚子疼得不行了!"妈妈马上道歉说:"对不起,一定是早饭出了问题。"

对自己没什么自信的父母,恰好有一个学习成绩和运动能力都很优秀的儿子,于是就像供奉小皇帝一样伺候孩子,还会像佣人一样看孩子的脸色……

这些行为都是"失败种子"招致的恶果,孩子在他的潜意识里觉得:我比其他人优秀很多,是应该受到特殊待遇的人。

当孩子长大后一旦失败或者遇到自己不能胜任的事,就会怨天尤人;或者总是看不起别人,把别人当傻瓜,招人讨厌。

男孩养育课：在男孩潜意识里种下7颗"成功种子"

像佣人一样伺候孩子，会导致孩子成为一个自大的人。

6. 照料孩子的时候总是一副不耐烦的样子

俊彦的爸爸妈妈工作都很忙，所以他们总是很累。可能是这个原因吧，当俊彦求他们做什么事的时候，他们总是一脸不耐烦地说："啊，真是的，没办法。"

父母如果在照顾孩子的时候总是一脸的不耐烦，就会在孩子的潜意识里种下"失败种子"。孩子会觉得自己的存在对别人而言是困扰，把自己的时间花在别人身上是不划算的事。他们甚至还会认为来请自己帮忙的人很愚蠢。

7. 母亲一味地忍受父亲的蛮横

信夫的爸爸总是对信夫的妈妈发脾气，还经常说："你以为你是靠谁才有饭吃的啊！"信夫的妈妈有的时候会哭起来。

总是耀武扬威、对任何事情都采取蛮横态度的爸爸，默默忍受一切的妈妈，看着这样的父母长大的孩子，潜意识里早就被种下了"失败种子"。他会认为：男人就是应该很霸道，女人就是应该忍受男人的霸道。孩子长大以后，虽然嘴上说着男女地位是平等的，但总是会无意识地选择能够忍受自己的霸道的女性。他们会变成对上级和有权力的人阿谀奉承，而对下属和家人通过示威来获得自我满足的可悲的男人。

男孩将来会被周围的人怎么想、怎么对待，取决于他在孩童时代和父母的关系。他们和女性的相处方式尤其会受到父母的关系和母亲言行的影响。

父母不正确的价值观和态度会成为"失败种子",导致孩子将来被女性讨厌,在职场上被疏远。即使孩子成了家,他的妻子和孩子也不会认可这样的丈夫和父亲。所以请您一定要参考上面说到的内容反思一下自己。

7颗"爱的能力的种子"

男孩将来是会成为被周围的人疏远的人,还是成为被上级青睐、被下级尊敬、被女朋友喜爱、被妻子珍惜的"受欢迎的男士"呢?这都取决于他在孩童时代潜意识里种下了什么样的种子。

请您在孩子的潜意识里种下"爱的能力的种子"吧!

1. 给孩子无条件的爱

是否受女性欢迎是会对男性的人生幸福产生影响的重要课题。

虽然"高学历、高收入、高个子"的"三高"男士很受欢迎,但女性的自立程度在现代已经提高了很多,如果只是靠着自己有"三高",可能也会被厌倦,或者被抛弃。

真正受欢迎的男性是有共同点的,那就是男性特有的"可爱之处"。这里说的可爱并不是幼稚和任性,而是没有心机的纯粹、天真和温柔。

第 4 颗 "成功种子" ——爱的能力的种子

这颗 "可爱的种子" 是靠父母对孩子倾注的、不需要条件交换的、无偿的爱来种下的。

2. 让孩子知道给予的快乐

获得他人的爱最不可缺的能力就是 "给予的能力"。所有人都希望自己被爱，被别人理解，被承认，被人温柔地对待，但只是被动等待是很难得到的。这个世界是 Give & Take（给予和索取）的世界，首先要做的是自己毫不吝啬地给予，只有这样才会以其他形式得到回报。

给予的时候需要注意的是，对对方的体贴和爱不要给对方造成负担。做给别人看的好意和强加于人的爱会招人讨厌。即使无法从中获利，也悄悄地、不动声色地给予的关心，会成为"爱的能力的种子"。

孩子关心你的时候，发自内心地、高兴地说："谢谢。妈妈非常高兴。"或者故意让孩子看到自己脆弱的一面，让孩子来帮助自己，这样都可以给孩子种下"成功种子"。

如果父母平时能让孩子看到自己为他人着想的样子，效果会更好。

3. 多一些欢笑

如果您仔细观察那些受欢迎的人就会发现，他们有一个共同的特点，就是"爱笑"。确实，开心地大笑和温柔地微笑的人很难让人讨厌。

人都不喜欢与表情僵硬和不苟言笑的人相处，反之，和爱笑的人在一起心情会变得很好。尤其是笑起来很纯粹的男人，非常有魅力。

幽默会变成生活的力量，请父母尽量帮孩子培养幽默感。一家人一起看喜剧节目，或者说笑话一起大笑，都会在孩子心里种下"爱的能力的种子"。

4. 培养孩子对小动物的关爱

受欢迎的男士，同时也是"懂得关爱别人的男人"。这里所说的爱并不是只针对女性的，关爱孩子和动物的男士，也会受到很多人的喜爱。

如果可以的话，请父母接纳狗或者猫等动物成为家庭成员吧。珍惜、疼爱动物会成为珍惜生命和学习关爱的"成功种子"。不过，不要把动物当作生日或圣诞节等节日的礼物让孩子饲养，因为动物不是物品。要告诉孩子，动物是和人一样有心的生物，宠物也是家人，绝对不是他的私有物品。因此，不要把照顾宠物的责任完全交给孩子，要让孩子看到父母细致照顾动物、疼爱动物的样子，这会成为"成功种子"。

5. 告诉孩子外表与气味的重要性

人们经常说外表并不重要，重要的是内心。但在现实生活中，外表也很重要，只不过没有必要每天都打扮得像明星一样。男性的外表最重要的一点就是"干净"。不管梳什么发型，第一眼看上去很干净是最重要的，穿衣服也是一样。

另外，气味也很重要。虽然每个人对香水的喜好不同，但

第 4 颗 "成功种子" ——爱的能力的种子

培养孩子对小动物的关爱,孩子会懂得珍惜生命,关爱他人。

大家都会对干净卫生的男性产生好感。

请父母平时就帮孩子注意自己的外表和气味。比如，可以平时就注意教孩子怎么洗衣服、叠衣服、熨烫衣服，在孩子洗完澡的时候说："啊，真好闻。心情都得到治愈了。"

6. 培养孩子的同理心和表达爱的能力

能跟恋人或者妻子、孩子建立亲密、温暖关系的男士都很擅长跟他人分享体验。比如看悲伤的电影时一起哭，讲个笑话一起笑，有好吃的一起吃——这样一起分享喜怒哀乐是非常重要的。

要想具备这个能力，必须要有同理心和表达能力。要想培养这些能力，可以增加平时的亲子对话，一起和孩子分享看电影、读小说、听音乐，以及看绘画、漫画、新闻的感想。

如果能和孩子一起哭一起分享感动的话，肯定能在孩子的潜意识里种下很多"成功种子"。

7. 培养爱的能力的"话语种子"

请父母在日常的交流中悄悄地在男孩的潜意识里种下"爱的能力的种子"，可以这样说：

"真漂亮（或者真可爱）！你感觉怎么样？"

"今天在火车上遇到了这样一件事。爸爸觉得非常难过。"

"哎？是你给妈妈做的吗？真好吃！妈妈觉得好幸福啊！"

我觉得人生最大的快乐就是爱别人和被别人爱。不论你考进了多么好的大学，找到了一份多么体面的工作，如果内心没有爱的话，那人生也是空虚的。而且，深信有人爱着自己，这份自信正是自我认同感的源泉，也是有勇气去挑战的力量源泉。得到父母无条件的爱的孩子将来一定可以成为懂得奉献爱的人，因此也肯定会被他人所爱。

给予爱的人便是被爱的人。

请大家一定要把这句话深深地记在心里。

孕育"爱的能力的种子"的两个"如果"

假设场景向孩子提问可以影响孩子的潜意识，而且亲子间的对话也会加深亲子关系。

下面我们通过两个"如果"的问题，悄悄地在男孩的潜意识里种下"爱的能力的种子"。

1. 如果长大以后成家立业有了孩子，你希望成为怎样的父亲呢？

通过这个问题，孩子可以正式地思考一下自己的父亲是什么样的父亲。

孩子的回答很可能会让父亲多少有点不舒服。如果孩子回答说："我想成为经常陪孩子玩儿的父亲！""我想做教孩子踢足球的父亲。"那么孩子的回答就是他们的愿望。

如果孩子回答说："啊!？我不想要孩子！""我不会结婚

男孩养育课：在男孩潜意识里种下7颗"成功种子"

如果长大以后成家立业有了孩子，你希望成为怎样的父亲呢？

的。"那父母可以反问:"为什么呢?孩子非常可爱啊,当爸爸妈妈是多么幸福的事啊!"这会给孩子种下"爱的能力的种子"。

可能孩子会接着说:"因为把孩子养大多不容易啊!孩子又很烦人。"

很有可能父母让孩子感觉到的心声就是这样的,所以如果发生类似的情况,父母一定要反思一下自己平时的言语和行为,把需要改善的地方改好。

2. 如果有老人、孩子、医生、孕妇、濒死病人在你的眼前马上要淹死了,但你只能救3个人,你会先救谁呢?

这又是一个有很多答案的问题,请您一定要和孩子一起想想答案。

例如,父母可以这样回答:"如果是爸爸的话,爸爸可能会按照孩子、就快要死了的病人、老人的顺序来救人。我觉得还是应该从最弱小的人救起。"

如果孩子说:"哎?反正病人都快要死了,救他是不是没什么意义了?""如果不救老人,而去救孕妇,那不是相当于保住了两个人的生命吗?"那父母可以回答说:"确实是这样……"然后再就此继续进行价值观的多种讨论。

这样的讨论会成为培养爱的能力和沟通能力的"成功种子"。

如果有老人、孩子、医生、孕妇、濒死的病人在你的眼前马上要淹死了,但你只能救3个人,你会先救谁呢?

第 4 颗 "成功种子" ——爱的能力的种子

动物能帮助男孩学会爱

有一天半夜我听到厨房里有叮叮当当的声音,于是过去查看,发现上大学的儿子好像在做饭。我问他在干什么,他说他要和女朋友一起去看樱花,所以要做便当。我一瞬间忽然愣了,难道不应该是女朋友做便当吗?但他们好像是约好互相为对方做便当。

第二天早上我问他:"你最后做了什么啊?"他回答说:"烧菜和煎鸡蛋……"我很惊讶地说:"就用冰箱里剩的菜能做出来真不容易!"当天晚上我又问他:"怎么样?你女朋友做了什么啊?"他笑着说:"便利店买的饭团。"我真没想到会这样,不过儿子却是乐在其中。

每年白色情人节,儿子都会做蛋糕卷和精细的点心,他女朋友拔智齿的时候他还做了鸡蛋羹。不过,儿子可没给我这个妈妈做过任何吃的(只是吃过做蛋糕卷剩下的边角料)。

儿子小时候很黏我的。我们曾经看到过车外一对很亲密的情侣,当时儿子说:"他们俩好像妈妈和我啊。"说得我心头一热,不过那都是很久以前的事了。儿子到了小学的高年级就进入了叛逆期,整个初中除了上厕所、洗澡、吃饭之外,他根本不会从自己的房间出来。那时我们真的有过很多冲突。

对他的各种行为，我一般都当他处在叛逆期，所以没有追究。不过有一天他的态度实在太过分了，我非常生气，站在他的面前让他给我道歉。结果儿子竟然小声地嘀咕："真受不了。你不如死了算了。"听了他的话，我顿时觉得血涌上头顶，从厨房拿了把菜刀递给儿子说："你怎么能对别人说出这样的话呢？！好，你把妈妈杀了吧。如果你杀不了的话，就再也不要那么说！"

其实我心跳得很厉害。我想："他应该不会真的动手吧。可是，一旦……啊，但是女儿正坐在沙发上吃点心，她肯定会过来阻止弟弟的吧。"于是我开始等待女儿站起身。但是，女儿只是看着我们，继续吃她的点心。

我和儿子就那么一动不动地盯着对方。几分钟之后，儿子说："我可下不去手。"然后转身回他自己的房间了。

我顿时就精疲力竭地跌坐在沙发上，然后抱怨女儿说："为什么你没马上过来劝阻呢？"女儿说："啊？我以为妈你做好了被刺伤的准备了呢。不过我已经待在电话旁边准备好了，一旦你被刺伤了我马上就可以叫救护车。"真是有其母必有其女。

总之，我和儿子有过这样一段很长时间的冷战期。在儿子持续对我叛逆、无理的期间，他却从来没有把我们养的六只狗当作发泄对象，一直像一个温柔的大哥哥一样对待它们。所以即使儿子在那么激烈的叛逆期，我也没有担心过他。因为他的潜意识里已经被种上了"温柔的种子"，这是我们养的动物给予他的。

第 5 颗『成功种子』——
抗压力的种子

第5颗"成功种子"——抗压力的种子

人生总是会遇到挫折和失败的。为了能够实现目标,必须要战胜很多挫折,为此必须具备"抗压力"(抗击压力的能力)。

无论经过多少次打击都能再次站起来出发的"越挫越勇的内心"才是勇敢生活下去的力量,才是一生的财富。

请您一定在男孩的潜意识里种下"抗压力的种子"。

男孩养育课：在男孩潜意识里种下7颗"成功种子"

绝对不能种下的"失败种子"

人长大以后也会因为很小的事而伤心、失落，或者无法从失败中恢复过来，这样很容易把压力积在心里，甚至因此生病。如果变成这样，不但自己很难受，成功还会从身边溜走。受不了打击的软弱是孩子小时候父母的言行导致的。

下面我们来一起看看都有哪些"失败种子"会导致孩子软弱吧。

1. 不让孩子知道世界肮脏的一面

广一在学校总是跟不上朋友们的话题。因为在广一家，电视里稍微有一点点暴力的画面爸爸妈妈就不会给他看了，也不让他玩儿电脑游戏。

广一的妈妈说："他一旦看了马上就变得暴力了可不行。""那么煽动孩子竞争心的游戏会伤害孩子的思想的。"他妈妈还说："新闻里说的都是杀人、诱拐，都是社会的黑暗面，会污染孩子的心灵的。"结果新闻也不让广一看了。

如果父母在养育孩子的过程中不让孩子知道世界肮脏和阴

暗的一面,就会在孩子的潜意识里种下"失败种子"。孩子会觉得对于不想面对的现实只要闭上眼睛不看就行了。这样孩子将来就会变成无法面对严酷现实的人,因为人在进入社会之后都会遇到很多危险的事、难过的事和不公平的事,这就是现实。

在养育孩子的过程中只是宣扬理想主义和夸大光明的一面是无法教会孩子生存的。思想太纯粹的孩子看到一点点黑暗面就会受到过大的打击,觉得自己很受伤、很愤怒,想要逃离社会或者和社会对抗。

确实,如果孩子小时候在漫画或者电影里看了太多的暴力画面有可能会导致暴力倾向,所以在孩子到达一定的年龄之前父母要限制孩子看这些过激的暴力和犯罪场面。但是新闻还是应该让孩子观看的,而且我还建议您偶尔可以跟孩子一起讨论一下新闻里的事情。因为这样可以让孩子逐渐认识到成人的客套话和真心话、理想和现实之间的差距。

2. 不让孩子有失败的体验

"你看你看,多危险啊。不能荡秋千。啊?滑梯?等你再大点儿才能玩儿。从那里走会摔倒的,从这边走。"

小悟的妈妈总是对小悟担心得不得了。正因为这样,小悟几乎没摔过跤。

如果父母总是过于担心孩子,连孩子经过的地方的障碍物都要提醒他的话,就会在孩子的潜意识里种下"失败种子"。孩子会认为:最好不要接近新事物,生活中到处都是危险的事,

如果父母总是过于担心孩子,不让孩子有失败的体验,孩子长大后会害怕挑战。

如果失败了就不得了了。等他们长大了也会过度害怕失败，无法挑战新事物。

3. 所有事情都设立条条框框，束缚孩子

小纯的父母总是摆出一副严厉的样子，而且他们家有很多规矩。回家时间就不用说了，怎么吃饭、怎么叠衣服、起床和睡觉的时间、说话方式，还有怎么安排学习、休息日怎么过，都有规定。如果不遵守规定，就要受到惩罚，比如没有零花钱，或者增加学习时间等。

如果总是强调特别细小的规矩，就会在孩子的潜意识里种下"失败种子"。孩子会觉得必须时时绷紧神经来保证遵守规定，如果不遵守的话会发生大麻烦。

长大后他们很可能会有面对他人的恐惧症、怯场、神经质，经历小小的失败就受到巨大的挫折，内心很容易一下子就崩溃。

4. 要求孩子强大、完美，必须争第一

"糟糕！为什么我没能得100分！"克彦盯着老师返回来的90分的试卷，眼眶里涌出懊悔的泪水。因为如果他得不到100分妈妈就会说："你好好检查了吗？你这么下去可是会输给山田的啊。"山田和克彦在补习班里总是争第一的名次。

如果父母过分地要求孩子要坚强、完美，事事争第一，就会在孩子的潜意识里深深植入一个想法：必须要一直当第一，不然就是输了。但是等孩子上了初中、高中、大学，接触到了越来越广阔的世界，自然会遇到越来越多比自己优秀的人。到

时候孩子就会被挫折感打败,觉得自己无能为力,忽然就失去了干劲儿,放弃一切,极度地失落。

5. 对孩子的疼痛和失败反应过度

小文的妈妈非常担心儿子的精神和健康,她总是问:"小文,你怎么了?被谁欺负了吗?""你疼吗?""你冷吗?""真可怜!""谁这么对待你的?""你饿了吧?""竟然遇到了这么严重的事?"

如果父母对孩子的痛苦和失败反应过度的话,就会在孩子的潜意识里种下被害妄想似的"失败种子"。孩子会觉得:这世上都是伤害我的事情,我是很可怜的人,所以我如果没有大家的照顾是不行的。

即便成人以后,他们也会对自己的权利和得失非常敏感,发生一点点小事就会觉得自己是被害者,觉得很受伤,或者自己有损失;他们还可能过分夸大小小的症状,觉得自己这儿也疼,那儿也疼,很可能是生病了。这样自然会被周围的人疏远。

6. 担心过度,不让孩子尝试新事物,不让孩子参与竞争

道明的妈妈说:"我不想让我儿子因为没必要的压力而生病,或者成为好胜心强的人,所以我从来没强迫他做过作业,甚至很不喜欢他去参加运动会的竞走比赛。"

道明的妈妈不希望自己的孩子参加竞争和对抗,最好平稳地、悠闲地度过一生。

第 5 颗 "成功种子" ——抗压力的种子

如果父母太想保护孩子,让孩子远离竞争和伤害,
孩子长大后会在面对竞争时束手无策。

如果父母太想保护孩子了,让孩子远离竞争和伤害,就会在孩子的潜意识里种下"失败种子"。孩子会认为:跟别人竞争,或者有竞争意识是很恐怖的事,还是不要参与竞争,别太显眼,悄悄地过平静的生活就好了。结果孩子很可能在必须面对竞争的时候变得束手无策。

世上有很多无法避免的事,不可能都向理想的状态发展,所以父母必须磨炼孩子,让他们能够在残酷的现实中体验失败和挫折,并生存下去。从这个意义上来说,父母过度的期待和爱会成为阻碍孩子变得勇敢、学会变通的"失败种子"。

请父母一定要注意别让孩子成为过于敏感、不抗挫折的人。

7颗"抗压力的种子"

和前面的"失败种子"一样,"抗压力的种子"也是由父母很细微的态度种下的。比如孩子摔倒了,父母吓得马上就跑过去扶孩子起来,还说:"没事儿,没事儿,真可怜。"孩子就会觉得摔倒了是很严重的,我遇到了非常可怕的事。所以父母的态度就变成了"不抗打击的种子"。但是如果看到孩子摔倒了什么都不说,只是看护着孩子,孩子就不会哭,自己就会站起来。这时微笑着对他说:"自己也能站起来的。摔倒了没什么大不了的,只要自己马上站起来就行了。"父母这样的态度就变成了"抗压力的种子"。

下面我来介绍一下能让男孩越挫越勇的"成功种子"。

1. 让孩子多多体验失败、疼痛

要尽量让孩子在孩童时多经历失败。发明之父爱迪生在发明灯泡的时候失败了一万次,但他说:"我不是失败了。只是发现了一万种不能用的方法。"

失败都会成为"儿时的经验",成为非常宝贵的种子。在儿时经历了很多失败的孩子同时也是进行过很多挑战的孩子。这些经验不但会培养孩子不惧怕失败的勇气,还会成为孩子敢于承担风险的"成功种子"。

2. 培养幽默感

人生会经历很多失败。失败的时候,一点点的幽默感就可以拯救一个人的心情,成为他重新挑战的力量。

我和孩子们都很喜欢搞笑节目,我们整个家庭的笑点都非常低。可能因为这个,有时我们即便经历了很严重的失败,也会故意把失败当作槽点来开玩笑。结果原本脸色阴沉的大家都会一齐捧腹大笑。说些笑话大笑一场,大家就会觉得这其实没什么大不了的,心里就轻松多了。这就是人们常说的:"笑一笑对失败的免疫力就会提高。"

请您和家人也多多增加笑的机会。因为这会成为"抗压力的种子"。

3. 培养灵活性,增加选择性

如果您在失败的时候,或事情进展不顺利的时候感到失落,说明您的选择性太少了。如果实现同一个目标的路径有多个选择的话,实现的可能性自然就会提高。所以父母要经常提醒孩子:"应该还有其他方法吧?"

而且同样的经历,只是改变一下角度,意义就会完全不同。前面我也提到了,当杯子里装着半杯水的时候,有人会觉得杯子里的水只剩一半了,有的人会觉得杯子里的水还剩一半,在这两种不同的看法下杯子里的水的价值是不一样的。

要想培养孩子从多种角度看事物的能力,父母可以多向孩子这样提问:"如果说你的失败会对今后有帮助,你觉得会有什么帮助呢?""从那个人的角度看来是坏事,那从这个人的角度看呢?"这样的提问会成为"成功种子"。

4. 拥有寻求帮助的勇气

在软弱无力的时候向他人求助的勇气是"给人坚强生活下去的力量的种子"。

父母可以偶尔故意向孩子示弱,或者跟孩子发发牢骚,还可以向孩子求助,比如询问孩子:"你觉得我该怎么办好呢?""你可以给妈妈帮帮忙吗?"这样做会给孩子种下"成功种子",使孩子懂得软弱、痛苦的时候可以向别人求助。

5. 掌握切换情绪的开关

感到失落或有压力的时候,学会顺利地调节情绪是非常重要的。父母也不要过度压制自己的感情,在孩子面前哭或者适度地发怒是可以的;还可以告诉孩子在感到失落或有压力的时候喝一杯热可可心情能变好；或者把孩子喜欢的东西和调整心情联系起来。等孩子长大意志消沉的时候，就会使用这些方法来让自己的心情变好。

6. 传授必胜的方法

据说非洲的某个部落使用一种求雨的方法一定能求到雨，那就是，一直求雨到下雨为止——大家读到这里肯定会笑出来，说："什么啊！"其实这正是取得成功的秘密。

那些完成了很高目标的人、实现了梦想的人都是到最后也没有放弃的人。好了，您可以跟孩子讲这个非洲的故事了。

7. 提高抗压力的"话语种子"

请父母在日常的交流中悄悄地在男孩的潜意识里种下"抗压力的种子"，可以这样说：

"受过苦的人、受过伤的人，长大后才能成功。"

"成功的方法不止一个，不行的话可以曲线救国啊。"

现在的年轻人经常因为朋友或同事的几句话而受伤，或者被上级训斥了就肚子疼，身心都不怎么抗挫折。这些年轻人大多都是在父母的过度呵护下长大的。

父母正因为爱孩子才应该让他们经历失败，不给予帮助，或者暂缓伸出援手。这样做就会给孩子种下"抗压力的种子"。

男孩养育课：在男孩潜意识里种下7颗"成功种子"

据说非洲某个部落使用的一定能求到雨的方法，
就是一直求雨到下雨为止。

孕育"抗压力的种子"的两个"如果"

假设场景向孩子提问可以影响孩子的潜意识,而且亲子间的对话也会加深亲子关系。

下面我们通过两个"如果"的问题,悄悄地在男孩的潜意识里种下"抗压力的种子"。

1. 如果做一头鹿,你会选择做动物园里的鹿,还是森林里的鹿?

这个问题可以培养孩子从多个角度来思考问题的能力和想象力,可以在孩子的潜意识里种下"抗压力的种子"。

如果孩子回答说:"我当然会选森林里的了!因为森林里自由。"父母可以说:"但是森林里的鹿很可能会被狮子吃掉啊。"这样就能让孩子思考选择这个答案带来的风险。

父母也可以在充分思考之后跟孩子分享自己的答案,之后再想想:如果是别的动物又怎么选呢?例如换成大象、狮子、熊猫等。

父母和孩子还可以把问题继续拓展下去:"如果你要在动物园生活一辈子,你会选择变成哪种动物呢?""如果你要在森林里生活一辈子,你会选择变成哪种动物呢?"

男孩养育课：在男孩潜意识里种下7颗"成功种子"

如果做一头鹿，你会选择做动物园里的鹿，还是森林里的鹿？

2. 如果在荒岛上生存，有吃不完的白米饭，但只能带一道菜吃一辈子，你会选哪道菜呢？

这个问题要看回答的人优先选择什么，答案会多种多样。

让孩子想象一下要在无人岛生活一辈子，他自然会思考要想生存下去都需要什么能力。孩子们的答案可能都很特别，比如"过年菜""寿司料"等。父母可以跟孩子一起认真地想想答案，在幽默的气氛中和孩子愉快地进行内心的交流。

顺便说一下，这个问题对提高孩子的想象力、分析能力、幽默感和协调能力都有益处，能给孩子种下"抗压力的种子"。

拥有燃烧灵魂般的热情和最强大的爱心

我儿子复读了两年之后，考上了兽医专业。说实话，当知道他考上的时候我很惊讶。因为他在高中阶段迷上了空手道，高中三年从早到晚都在练空手道，完全不学习。早上练，中午练，放学后练，回家之后还要去空手道场练。所以我还以为他不知道要复读多少次才能考上大学，没想到复读了两年就考上了。

就是我的这个不爱学习的儿子，在小学六年级的时候第一次说他想当兽医。然后过了很多年，到了高中三年级，他又说

男孩养育课：在男孩潜意识里种下7颗"成功种子"

如果在荒岛上生存，有吃不完的白米饭，但只能带一道菜吃一辈子，你会选择哪道菜呢？

了一次自己想当兽医，我马上表示反对。因为日本的兽医专业都会用活的动物做实验，而我儿子不管什么动物都喜欢，所以我想他当兽医的话一定很痛苦，我也不想让儿子夺取那些无辜动物的生命。

我把自己的想法告诉儿子之后，他说："我先想想。"但是半年后儿子还是很坚定地说他想当兽医。看到他有这么大的决心，我相信他一定能考上，但毕竟他有三年的空白期，想要补回来至少要花三年时间吧。

就在这时，儿子又遇到了另一个考验。当时我刚刚开始经营我的治疗师培训学校。没办法，我不在家的时间越来越长，只好把家里的6只狗交给儿子照顾，而且其中的一只金毛母狗还得了癌症，开始了艰苦地对抗疾病的斗争。因为我无法从工作中抽身，儿子就暂时不去补习学校了，休学在家复习，并代替我照顾狗狗们。一整天要学习，又要照顾5只正常的狗和那只得了癌症的老狗。接着那只老狗的癌症越来越严重了，不久它连上厕所、喝水都不能自理了。

虽然儿子也快考试了，但他一句抱怨的话都没说，一边学习一边默默地照顾着狗狗们，一直到那只老狗离世。即使这样，儿子第二年还是考上了兽医专业。

他能这么努力，我觉得大概有两个原因：一个是他在练习空手道的过程中学到了如何跟前辈和后辈相处，精神得到了锻炼；另一个就是他像哥哥一样爱护着我们养的狗狗们。

虽然他准备考试的方法和常人的方法完全不一样，但我觉得他从运动中习得的处理人际关系的能力和对动物的爱都变成了"抗压力的种子"。

现在我儿子正作为一名兽医,同时也是一个学者,日夜投身于动物肿瘤的研究中。

第6颗『成功种子』——自控力的种子

第6颗"成功种子"——自控力的种子

把梦想只当成梦想的人,只会祈祷;而想要实现梦想的人,会按照计划,一步一步地前进。如果对目标完全没有计划的话,那梦想就永远只是美好的愿望。

请父母们在男孩的潜意识里种下能够实现梦想的"自控力的种子"吧!

男孩养育课：在男孩潜意识里种下7颗"成功种子"

绝对不能种下的"失败种子"

总是很焦虑，计划无法按时推进，应该做的事总是拖拖拉拉，无法控制饮酒的量和抽烟的量，屋子乱七八糟，经常浪费……

无法控制自己的思考、感情还有行动，就意味着无法控制人生。这也就相当于把自己人生的主导权交到了别人的手上。

下面我来介绍一下无法控制自己的"失败种子"是如何被种下的。

1. 对孩子的任性不加干涉

"讨厌！讨厌！讨厌！"雅夫今天又在超市里耍赖皮了。他非要玩儿那个游戏机。

"我不是跟你说了只能玩儿一次吗？真是的！真拿你没办法，只能再玩儿一次了。"

妈妈又像平时一样，无奈地从钱包里拿出了100日元。

如果孩子哭、发脾气、闹别扭、耍赖皮的时候，妈妈没能坚持到底，最终顺从了他的任性，就会在孩子的潜意识里种下

第6颗"成功种子"——自控力的种子

父母对孩子的任性不加干涉，
孩子长大后会成为一个不负责任的人。

"失败种子"。孩子会认为想要达到目的的时候,只要坚持跟父母闹就能实现。

他们长大了之后会成为特别能折腾别人的人,遇事急躁,爱跟人发脾气,或者博得别人的同情而不去履行自己的责任。

2. 父母的态度和言辞前后不一致

"健助,快点儿去洗澡!"

"你昨天不是说让我做完作业再洗澡吗?"

"昨天是昨天,今天是今天啊。"

如果父母的态度和言辞前后不一致,例如昨天说的话今天就推翻了,或者不对其他兄弟姐妹发脾气,只对一个孩子发脾气等,就会在孩子的潜意识里种下"失败种子"。孩子会觉得人的想法和规则不知道什么时候就会变,完全靠不住。等他们长大之后也不会遵守规则,或者总是失约。

3. 注意不到孩子身上的问题或放任不管

大介的姐姐在减肥,最近不怎么吃饭,她越来越瘦了。学校的老师很担心,给他家里打电话,他妈妈却说:"您担心过度了。女孩子都有想减肥的时期。"没有理会老师。大介的爸爸工作很忙,根本没有注意到女儿一下子瘦了10公斤。

如果父母意识不到家里出现的问题和问题的严重性,或者虽然意识到了但什么都不做,听之任之,就会在孩子的潜意识里种下"失败种子"。孩子会认为对于困扰的事情和不想看到的事情最好装作看不到。这样以后他们就会成为逃避问题、否认问题的严重性、不善于解决问题的人。

4. 父母毫无计划且有拖延症

孝弘的妈妈经常看外国电视剧看到半夜,然后早上睡懒觉。她喜欢洗衣服,但是很不喜欢打扫,地上和桌子上总是堆满了东西。

即使父母打扮得很漂亮,或者穿得很时尚,但是如果家里总是乱七八糟,或者不控制孩子看电视、读漫画、玩游戏的时间的话,也会在孩子的潜意识里种下"失败种子"。这样孩子会有样学样,觉得只要慢慢悠悠地做自己想做的事情就可以。他长大后即使有必须做的事也不想去做,或者不断地拖延。

5. 父母对某些事情上瘾

翔太的爸爸脾气还不错,但喝酒的时候说话声音非常大,也会偶尔对妈妈发怒。他爸爸还总是爱抱怨、爱说教,所以翔太的妈妈总是在网上买很多东西来缓解压力。

如果父母对喝酒、抽烟、买东西、玩手机、上网、算命、吃东西等某些事情上瘾的话,就会在孩子的潜意识里种下"失败种子"。孩子会想:觉得累或者压力大的时候,可以找些刺激来麻痹自己的感受。

喝酒和服用药物是明显的依赖症,过度的工作和运动其实也是一样的。如果父母有依赖症,那么孩子长大后也有依赖症的可能性就比较大。

男孩养育课：在男孩潜意识里种下7颗"成功种子"

如果父母毫无计划且有拖延症,孩子也会有样学样。

6. 不给孩子休息的时间

将来想做律师的胜典，跟他的爸爸一样，没有休息日。他和做律师的爸爸约定好了，每天一定会学习两个小时。除了学习他还要上补习班，还有游泳、钢琴、英语等兴趣班，周六日也不休息。

如果让孩子为了将来，而没有喘息地持续学习，就会在孩子的潜意识里种下"失败种子"。孩子会认为人生太辛苦了，完全没什么乐趣可言。

这样的孩子可能很快就在高中或者大学阶段垮掉，严重的话有可能会得抑郁症或神经方面的疾病。如果孩子变成这样的话，估计根本什么都不想干了，更别说实现梦想了。

7. 父母容易被情绪左右

小修和妈妈总是很紧张，不知道爸爸什么时候会发怒。他爸爸即使心情很好的时候，一旦有什么不满意的事，也会突然发怒，去饭店吃饭也会突然就对店员发脾气。

如果父母不能控制情绪，总是突然哭起来，或者很消沉，情绪化严重的话，就会在孩子的潜意识里种下"失败种子"。孩子会认为在感到压力大的时候只能发怒或者大哭，没有其他办法。

他们长大以后，有压力或者遇到问题的时候，无法很好地控制自己的情绪，会给周围人添很多麻烦。

如果父母不能控制自己的情绪、思想和行动，改不掉坏毛病，有拖延症的话，看着这样的父母长大的孩子也会被种下无法自控的"失败种子"。这样的孩子将来长大成人也会和父母一样，陷入恶性循环或依赖症。

请各位父母重新审视一下自己有没有这样的情况。

7颗"自控力的种子"

无论有多么出众的能力和实力，如果不能在最关键的时候发挥出来是无法成功的。能够出人头地的人都有超乎常人的耐力和持续的干劲儿。这些力量的源泉就是"自控力"。

能够引导男孩的人生走向成功的"自控力的种子"有以下几颗。

1. 过有规律的生活

首先最需要的是早睡早起的习惯。为了孩子的身心健康成长，充足的睡眠时间是非常重要的。睡眠不足不但会阻碍身体的成长，还会影响精神的稳定。上小学期间，孩子至少要保证8~10小时的睡眠时间。我的孩子们一直到小学六年级为止，每天都是晚上9点睡觉，早上7点起床，根本没有为了学习而熬夜的情况。

另外，一定要让孩子吃早饭。晚饭最好也要大家在一起开开心心地吃。如果做不到每天都一起吃晚饭，一周至少要有 3 天，全家人在一起一边聊着天一边吃晚饭。

每天规律、健康的生活，还有充足的睡眠，是保证孩子身心健康和稳定的"自控力的种子"。

2. 让孩子承担家庭成员的责任

让孩子随着年龄的增长来承担家庭成员的责任是非常重要的。不过，不要让孩子承担不符合年龄的责任。例如，让小学低年级的孩子带狗狗去散步或者照顾小婴儿。非独生子女家庭里照顾年龄小的孩子的责任本来就应该是父母的，不应该交给年长的孩子。

打扫房间、收拾桌子这些事情可以根据孩子的年龄来决定是否让他帮忙，还要注意不要总是指手画脚，交给孩子做就行了。如果孩子不做的话，就那么放着不要管。父母千万不要想着不能一直让桌子那么乱着就替孩子做了，可以对孩子说："桌子收拾好了告诉我。"然后一直等着。这样经过几次，孩子就知道该做的事抓紧做了感觉会更轻松。

父母让孩子承担责任，要相信孩子，守护着孩子，这样就会在孩子的潜意识里种下责任感和自主性的"成功种子"。

3. 培养孩子注意力集中的同时，让孩子学会适当地放松

在孩子学习和练习乐器等需要重复做的事情上，还有做家务的时候，父母可以使用倒计时闹钟。重点是时间要设置成"短时间"。小学阶段的学习，一年级 15 分钟，二年级 20 分钟

就足够了。父母可以像做游戏一样给孩子喊:"准备——开始!"这样做可以给孩子种下"注意力集中的种子"。这个方法能顺利进行下去的诀窍是"时间到了一定让孩子停"。

另外,孩子学习完或者上补习班、兴趣班回来,帮忙做完家务之后,一家人可以花10分钟时间喝茶聊天、听音乐,安排一点放松的时间。这会成为"成功种子",让孩子体会"干的时候就要好好干,休息的时候也要好好休息"。

4. 让孩子懂得坚持的益处

"1万小时法则"说,要想在某个特定的领域达到专业水平至少需要花1万小时。确实,年纪轻轻就在世界崭露头角的运动员们从小训练花费的时间差不多需要1万小时。将来不管做什么,如果想在某个领域达到专业水平的话,肯定需要持续地努力、积累。

要想培养孩子坚持的能力,最好的办法就是让孩子知道积累的好处。比如对孩子说:"你帮忙做家务的话,妈妈会给你一张贴纸,贴纸攒够了就可以得到去迪士尼的机会。"在怎么做能让孩子明白努力就会有所收获这方面,父母可以下点功夫。

这样就能在孩子的潜意识里种下"成功种子",孩子会懂得一点一滴地积累,前面会有好的结果等着自己。

5. 让孩子一个人坚持到完成

如果父母总是帮助孩子做作业、完成兴趣班的任务或游戏的话,孩子就没什么毅力坚持到最后了。即便孩子做得没那么

第 6 颗 "成功种子" ——自控力的种子

当孩子学习完或帮忙做完家务后,一家人可以喝喝茶、听听音乐,安排一点放松的时间。

男孩养育课：在男孩潜意识里种下7颗"成功种子"

好，或者中途放弃了，也还是要孩子自己做到最后。

另外，父母也不要早上叫孩子起床、帮孩子检查有没有忘带东西。孩子迟到或忘记带东西之后，自己尝过了失败的滋味，自然会明白"自己的事情必须自己做"的道理。

除此之外，如果每天都能交给孩子一些不会对他造成负担的家务或任务，并让孩子坚持完成，一定会收到很好的效果。

这样做可以在孩子的潜意识里种下"成就感的种子"，孩子会懂得"坚持到最后并完成的感觉非常棒"。

6. 培养孩子做事的计划性

人们经常说，要实现大目标，需要设置很多小的目标，并逐一完成。实际上，最后没能按照计划执行的人失败的原因，就是一下子给自己定了一个太大的目标。

那么，怎样做才能让孩子有计划性呢？

我建议父母把自己一年的目标、一个月的目标等计划表贴在孩子能够看得见的地方，而且可以在头一天晚上把第二天要做的事情写在便签上并贴在冰箱上。这样可以在孩子的潜意识里种下"成功种子"，孩子会知道应该为该做的事情制订一个计划。请您一定试上一试。

7. 提高自控力的"话语种子"

请父母在日常的交流中悄悄地在男孩的潜意识里种下"自控力的种子"，可以这样说：

"爸爸今年的目标是 TOEIC 600 分！所以每天要做 10 分钟的听力训练。"

第6颗"成功种子"——自控力的种子

"啊,如果爸爸从1年前开始每天坚持5分钟的话,现在也不用这么费力了。"

"为了3个月后的自己能开心,从今天开始每天锻炼腹肌50次!"

一遇到不开心的事就发怒,什么事都要拖延,依赖某样东西无法自拔……无法很好控制自己的人,往往没有如意的人生。

如果一个人能控制自己的情绪,建立良好的人际关系,又养成了对身心健康都有益的习惯的话,人生一定会朝着希望的方向前进。

男孩本来就背负了来自社会和家庭的很大期望,大多过着压力非常大的生活。"自控力的种子"不仅会保护这些男孩的身心,还会帮助他们过上属于自己的、充实的生活。

孕育"自控力的种子"的两个"如果"

假设场景向孩子提问可以影响孩子的潜意识,而且亲子间的对话也会加深亲子关系。

下面我们通过两个"如果"的问题,悄悄地在男孩的潜意识里种下"自控力的种子"。

1. 如果你的1天有25个小时,多出的1个小时你会用来做什么?

如果每天都会多出1个小时的话……大概每个人在早上起床的时候或者考试之前都想过,要是能再多1个小时就好了。这

如果你的1天有25个小时,多出的1个小时你会用来做什么?

个问题可以让孩子思考如何使用时间。同时，还可以在孩子的潜意识里种下"时间的重要性、效率、计划性的种子"。

如果孩子回答说："电脑游戏！""足球！"或者"睡觉！"那很有可能是孩子有点累了。这时父母可以将 1 个小时分段计划，比如回答说："是啊，我会先用 30 分钟来睡觉，10 分钟学英语，10 分钟跑步，10 分钟平板支撑。"

这样回答可以在孩子的潜意识里种下"成功种子"，孩子会懂得使用时间时应该更有计划性。

2. 每天都可以吃自己喜欢的东西，但 40 岁会生重病，或者每天只能吃不喜欢的东西，但可以活 100 岁，你会选择哪一个？

这个问题可以让人想象极端的饮食以及随之带来的结果，是"思考自己的身心平衡的种子"。

如果孩子回答："哎？一辈子只能吃胡萝卜和洋葱？那还不如每天吃汉堡和炸鸡死了算了。"父母也可以略带幽默地回答："是吗？那爸爸干脆明天就去死吧……"顺便提示孩子真正的现实会是什么。或者回答："如果是爸爸的话，即使只能吃不喜欢的东西，也要为了家人活到 100 岁。"这也是可以的。

对孩子将来最有益的"提前投资"是什么？

我因为工作的原因，收到了很多父母关于育儿方面的咨询。

"怎么做才能让孩子自主学习呢？"

男孩养育课：在男孩潜意识里种下7颗"成功种子"

每天都可以吃自己喜欢的东西，但 40 岁会生重病，或者每天只能吃不喜欢的东西，但可以活 100 岁，你会选择哪一个？

第6颗"成功种子"——自控力的种子

"孩子早上总是起不来床,我怎么办才好呢?"

"孩子总是不遵守约定。"

"我家孩子总是突然就发怒。"

"孩子总是浪费,真让人头疼。"

孩子总是不会像我们想要的那样做,父母总有操不完的心。不过仔细想想,这不是很正常的事吗?就算大人也有该做的事却拖拖拉拉的时候:每天晚上都熬夜,早上起床困难;工作太忙了,没有履行跟孩子的约定;自己突然焦躁得很,对下属发脾气;总是浪费所以存不下钱;等等。这些都是因为大人无法管理自己。

我发现工作、家庭都管理得好,经济上、精神上都很充实,拥有幸福人生的人有一个共同点,就是他们的自控力非常高。能够按照自己的想法控制自己的情绪、行动、时间、人际关系,这意味着他们能够按照自己的想法掌控自己的人生。

那些取得成功的人对潜意识的使用也是非常卓越的。他们的潜意识里种着能很灵活地控制自己的情绪和思想、按照自己的想法来行动的种子。

这些人分两类:一类人是成人之后有意识地给自己种下"自控力的种子",或者接受我这样的掌控潜意识的专业人士的训练;另一类人是在孩提时代就被父母种下了"自控力的种子"。尤其是后者,他们毫不费力就能控制自己,获得成功。

这样来看，为了孩子的将来着想，与其拼命地让孩子学特长，还不如给孩子的潜意识里种下"自控力的种子"更有意义。

请各位父母参考书中的内容，也在孩子的潜意识里种下"自控力的种子"，对孩子提前投资吧。

第 7 颗『成功种子』——赚钱能力的种子

第7颗"成功种子"——赚钱能力的种子

金钱虽然不能买来幸福,但是可以避开不幸。

金钱确实不是人生的全部,但是拥有赚钱能力对男孩来说是证明自己的一个方式,这也是事实。有钱可以让自己的人生丰富多彩,可以为社会做贡献,可以让家人幸福。自己赚的钱,还可以为自己所爱的人带来更多的人生选择,由此获得的快乐也是男人的自豪吧!

男孩养育课：在男孩潜意识里种下7颗"成功种子"

绝对不能种下的"失败种子"

人对金钱的价值观是在孩提时代形成的。因此，孩提时代就决定了孩子在今后的人生中能否处理好和金钱的关系，抑或被金钱嫌弃。

被金钱嫌弃也就意味着要和金钱做斗争。因为没有钱而不得不放弃梦想和希望，这样的代价太大了。

下面我来说一说关于金钱的"失败种子"都有哪些。

1. 给孩子灌输"金钱罪恶"的错误观念

修平的爸爸说过："钱太多了人会坏，钱多了还会蛊惑人心，所以只要赚的钱够吃饭就行了。"

修平的妈妈是这样说的："是啊。钱多了，很可能一家人四分五裂，被外人嫉妒，甚至迷失了最重要的东西。重要的是内心。"

如果父母有"金钱会让人不幸""钱很脏"这样的偏见的话，就会在孩子的潜意识里种下"失败种子"，孩子会觉得有很多钱是一件很危险的事。等他们长大以后就会无意识地觉得，只要赚够维持生活的钱就可以了。

2. 父母小气，不知道如何更好地花钱

弘道的爸爸还是孩子的时候，家里非常穷，所以总是尽量不花钱。爸爸说过："浪费是我们的敌人。要尽量存钱。"所以弘道的吃的、穿的、学习用具和书，总是按照最低标准来买。

如果父母教给孩子金钱不是拿来用的，而是拿来存的，或者花钱是不好的事，就会在孩子的潜意识里种下"失败种子"。孩子长大后也只会为了得到金钱而工作，但是他们无论赚了多少钱也体会不到乐趣，人生会非常空虚。他们也不会为了家人花钱，所以最后连为什么赚钱都不知道了。他们钱少了就会有非常强烈的危机感，所以根本不会下决心拿钱去投资，因此赚大钱的可能性也非常低。

3. 父母总因为钱的事吵架

毅一的爸爸妈妈总是为了钱吵架。爸爸很认真地工作，妈妈也出去做兼职，但是钱还是不够用，妈妈每天总是唉声叹气的。

如果父母赚钱的能力很差，孩子总是看着父母为了钱辛苦的样子，就会觉得钱让父母过得很辛苦。这样就会在孩子的潜意识里种下两种"失败种子"。

一种是"不管以后干什么我都要赚很多钱来孝敬父母，然后让别人刮目相看"。这是"用金钱向让父母吃苦的社会复仇"

的"失败种子"。这样的孩子在长大之后很可能即便赚了很多钱,也会一副暴发户的做派,或者用钱去搞定一切,标榜自己的权力。

另一种是"忙忙碌碌工作最终也是受苦,那还不如尽量不工作的好"的"失败种子"。如果男孩子的潜意识里种下了这种"失败种子",很可能以后不找固定工作,或者成为靠女朋友和妻子赚钱"吃软饭"的男人。

4. 在孩子说"想要"之前就给他

在过生日或圣诞节时,即使妈妈问三良小朋友想要什么礼物,他也完全想不到想要什么。

在孩子想要之前,或者刚说"想要"的时候就马上都买给孩子的话,就会在孩子的潜意识里种下"失败种子"。孩子会觉得想要的东西马上就能得到,然后不久就会厌倦。

这样的孩子长大之后也会对物质和成功没有什么欲望,生存能力会很差。如果他的朋友们都有的东西不给他买的话,他可能会变得很贪婪;但是如果父母总是预先什么都给孩子买好了,对孩子来说也不是好事。

5. 父母挥霍无度

文也家每年都会到外国去旅行,因为他妈妈很喜欢旅行。他家的车也是高级车,因为他爸爸很喜欢车。但是他们家没有存款。有时借给他们钱的奶奶会责备他爸爸妈妈,但妈妈会说:"我们还不是不想让文也在别人面前抬不起头。"

第 7 颗 "成功种子"——赚钱能力的种子

在孩子说"想要"之前就买礼物给他,
孩子长大后生存能力会很差。

如果父母为了讲排场乱花钱，借钱、花钱没有计划性的话，就会在孩子的潜意识里种下"失败种子"。孩子会认为有多少钱花多少钱就行，遇到事情总会有办法的。

当孩子长大以后花钱也会没有计划性，去借钱，或者鲁莽地创业，导致自己破产，甚至还会给家人和亲朋好友带来很多麻烦。

6. 父母总是自私地想：只要对我的孩子好就行

小健的妈妈总是不厌其烦地说："记住不要靠近感冒了的孩子！""你不要和被欺负的孩子做朋友啊！"

如果父母总是自私地认为只要对我的孩子好就行，就会在孩子的潜意识里种下"失败种子"。孩子会觉得只要自己安全，别人怎么样都没关系，为了取得成功，把别人当作踏脚石也完全可以。

一个人进入社会之后，要想成功，要想赚很多钱，必须与人合作，得到别人的帮助。但是一旦被种上了这颗"失败种子"，男孩就会总想超过他人，独揽所有功劳，这样是无法取得什么大的成就的。

7. 总是强调人生要稳定

正树的父母总是说："将来当公务员是最好的。不管怎么说，公务员稳定，退休之后也没什么后顾之忧。"

如果父母总是说要最优先考虑安心和稳定，就会在孩子的潜意识里种下"失败种子"。孩子会觉得最好还是不要做有风险的事情，和自己能力不相当的钱还是别想着去赚了。

这样的孩子今后做任何选择的时候都会回避风险。所以他们不会有什么大的失败,但是也不会有什么大的成就,只能过着平凡的人生。

父母对金钱的偏见、赚钱能力不足、爱面子、自私等言行都会在孩子的潜意识里种下"失败种子"。一旦人在潜意识里种下了不能好好处理金钱的种子,一般都会在人生的某处为了钱而受苦或被玩弄。

7颗"赚钱能力的种子"

对人生来说,有比金钱更重要的东西——这是毋庸置疑的。但是金钱绝对不是肮脏的、让人不幸的东西。出问题的是金钱的使用方法。只要使用方法没错,金钱是能给人生带来幸福、使人生更精彩的好东西。

如果说可爱和美丽能给女孩子带来自信的话,好好赚钱的能力也会给男孩带来自信。

"自信的种子"能多一个就多一个不是很好吗?

1. 培养孩子的独创性与专业性

要想比别人赚更多的钱,光和别人做一样的事是不行的,必须要有独创性和价值很高的专业性。

要想培养孩子和别人不同的处理问题的角度和思路,就需

男孩养育课：在男孩潜意识里种下7颗"成功种子"

总是强调人生要稳定，孩子的一生不会有什么大的成就。

要在他还小的时候让他多去体验，比如宿营、旅行、志愿者活动；也可以让他去别人家住，还可以玩猜谜、推理游戏。父母偶尔还可以故意制造一些状况给孩子出难题。这些都会变成"培养创造力的种子"。

2. 教给孩子"钱生钱"的方法

虽然为了将来存钱很重要，但钱本来就是拿来用的。当然如果只是因为心动就买东西，不能算是很聪明的用钱方法，因此我建议大家"购买体验"。

据说人在购物之后后悔的概率在80%以上。但是如果换成购买体验的话，满意的概率就在80%以上。东西买到手马上就贬值了，但体验绝对不会腐烂，而且还有可能为今后带来几倍的收益，是一种最好的自我投资。

父母减少购物，而在学习、考资格证书、旅行等自我投资上花钱，会在孩子的潜意识里种下"钱生钱的用钱之道的种子"。

3. 让孩子学会接受家中拮据的现实

如果总是给孩子灌输"钱不重要，重要的是内心"等理想主义，孩子以后进入社会会被残酷的现实重重地打击。所以父母应该提前告诉孩子，没有钱的话，人生路上会发生什么，还可以让孩子读读《悲惨世界》，通过间接的方式了解贫穷所带来的凄惨和悲伤，这会成为联结金钱和幸福的"成功种子"。

4. 有机会就问孩子"将来想做什么工作"

我从孩子还上幼儿园的时候就开始经常问他们:"你们长大了以后想做什么工作啊?"这样问,孩子不知不觉地就会在潜意识里有概念:"总有一天我要工作,自己养活自己的。"

而且我在外出旅行或者看电视的时候经常会跟孩子聊各种各样的职业,比如厨师怎样怎样、木匠怎样怎样。这样做可以很有效地帮助孩子在潜意识里形成职业的概念,他们会想:我要从事有价值的、正当的工作。

5. 告诉孩子为他人赚钱的喜悦

比起给自己花钱,人在给所爱的人花钱的时候幸福感更强。幸福感会给人带来更大的动力。

如果家里主要是爸爸赚钱养家,妈妈就可以对孩子说:"要感谢爸爸的努力付出,爸爸这么辛苦就是希望宝贝能吃得好,穿得好,生活得幸福。"

这样做就能在孩子的潜意识里种下"成功种子",孩子会懂得工作赚钱可以守护重要的家人。

6. 给孩子零花钱,让他自由使用

孩子上小学之后就可以给孩子一些零花钱了,而且零花钱怎么用是孩子的自由。

但是如果孩子说零花钱不够用了,也不要随便再多给他。如果真的是需要用更多,可以用"预支"的方式,从下个月的零花钱里面先挪用一部分。这样就会给孩子种下"成功种子",

第 7 颗"成功种子"——赚钱能力的种子

告诉孩子为心爱的家人工作赚钱比为自己花钱更幸福。

151

他会思考：如果不好好计划怎么用零花钱会后悔的。

另外，多让孩子玩儿童的投资类游戏，让孩子经常体验怎么花钱、怎么规划人生，也能让孩子了解"计划性""对冲风险"和"创业的野心"，为他种下"成功种子"。

7. 让孩子掌握赚钱能力的"话语种子"

请父母在日常的交流中悄悄地在男孩的潜意识里种下"赚钱能力的种子"，可以这样说：

"如果将来你要开店的话，你想开什么店呢？"

"妈妈想努力一下，在一年之内赚100万日元。"

"幸亏大学选了某某专业，现在我的工资比同学的都要高一些。"

对于男士来说，赚钱的能力是成功的标志之一。当然，并不是说其他能力不重要，只有赚钱最重要。就算比别人赚钱多，可身体上、精神上都很辛苦，连休息的时间也没有的话，也算不上成功。人最重要的是能做自己觉得有意义的工作，高效地赚钱，并享受人生。

请父母们给您的孩子种下"成功种子"，让他们不要只为了金钱而工作，而要为了人生的快乐而工作，同时感受工作本身的快乐。

第 7 颗 "成功种子" —— 赚钱能力的种子

孕育"赚钱能力的种子"的两个"如果"

假设场景向孩子提问可以影响孩子的潜意识，而且亲子间的对话也会加深亲子关系。

下面我们通过两个"如果"的问题，悄悄地在男孩的潜意识里种下"赚钱能力的种子"。

1. 如果你参加有奖竞猜节目得了 10 万日元，答对下一题能获得 100 万日元，答错则 10 万日元奖金归零，你会怎么选？

如果是大人可能会直接挑战 100 万日元，不过对孩子来说，10 万日元就已经是很大的金额了。这个问题可以让孩子思考究竟应该先把目前已经得到的报酬变现，还是承担风险试着去得到更大的报酬。想想两个选择各自的有利之处和不利之处，可以锻炼孩子的决断力。

如果孩子回答说："我肯定会选择挑战 100 万日元！"父母可以接着问："是吗？如果下一题你没答对的话，那 10 万日元也没有了哦。到时候该多失望啊，你能接受得了吗？"

如果孩子答不上来，父母可以试着这样引导："如果是妈妈的话，妈妈就会想：'就当我花了 10 万日元参加了一次有趣的体验'。""我再来挑战 10 次不就行了吗？"

男孩养育课: 在男孩潜意识里种下7颗"成功种子"

如果你参加有奖竞猜节目得了 10 万日元,答对下一题能获得 100 万日元,答错则 10 万日元奖金归零,你会怎么选?

2. 如果有一份合同，规定你在 20 到 60 岁每月不工作也会有 20 万日元的工资，但是再怎么努力也不会有更高的工资，只要签了就不能毁约，你会签这份合同吗？

这个问题对孩子来说有点难度。父母可以告诉孩子："20 万日元可能够一个人生活用了，但要养活两个人的话可能就不太够了。"这个问题能让孩子思考金钱的价值、工作的意义和价值，还有挑战的勇气。

如果孩子回答说："哎？40 年都能白白地拿到钱，那我肯定会要啊。"那父母可以回答："但是你打算一直都不去体会工作的乐趣而终老吗？""但是如果你工作的话，可能会有几十倍的收入呢。"这样可以让孩子思考工作的意义和挑战的乐趣。

有魅力的男性是不会让女性在约会时付钱的

我在做心理咨询和讲座的过程中有很多接触女性内心想法的机会。她们每个人都希望自己能遇到一个合适的人结婚。她们很多人都遇到过同样的情况，就是觉得好不容易遇到一个还不错的人，他却因为一件小事而自毁形象。比如她们在遇到觉得还不错的男士时，约着一起吃饭，吃饭也挺愉快的，在最后买单的时候，女方出于礼貌都会说："我们 AA 吧。"

男孩养育课：在男孩潜意识里种下7颗"成功种子"

如果有一份合同，规定你在 20 到 60 岁每月不工作也会有 20 万日元的工资，但是再怎么努力也不会有更高的工资，只要签了就不能中途毁约，你会签这份合同吗？

有的男士会说:"不用了。男人来付钱是理所应当的。"有的男士会说:"那您给我××钱吧。"然后让女方付正好一半的钱。也有男士会说:"那你付××就可以了。"然后自己多付一点。

这种情况经常发生,但女方的心中会有各种想法。

现代社会都在呼吁男女平等,所以女性付一半的钱也是理所当然的,这样做也是男女平等的体现。但说实话,女性会因此而失望。并不是说女性不想 AA 制,只是这样总觉得男士的魅力就减半了。

男士们可能觉得女士这么想太自私了,不过这就是女士们的真心话。女士们出于礼貌会提出自己也付钱,如果男士这时很机智地买了单的话,女方对对方的好感会提高很多。

这样做会给女方留下很好的印象:此人靠得住,人有风度,生活也很有品位。

说真心话,当我听女儿说她当天约会的时候 AA 了,我就会觉得:"哎?对方不是年龄比她大的人吗?感觉这个男人靠不住。"

但是如果儿子说他当天约会的时候 AA 了,我会觉得:"是吗?真是懂事的女孩。"

由此可见,妈妈真的是会自私地袒护自己的孩子的。但是好好考虑一下的话,作为儿子的母亲,与其为儿子总是付钱而愤慨,不如让儿子在女性面前展现魅力,越来越有男人的自信更开心吧。

我想说的绝对不是让男士拿金钱作为诱饵去诱惑女性。我希望的是，男孩长大后都能成为懂得如何和女性相处的男士，在经济和精神上都有不需要让女士付钱的包容心态。

为了您的儿子将来不会成为花言巧语、徒有其表的"渣男"，请您为他种下"赚钱能力的种子"。这颗种子可以帮助男孩实现梦想中的未来，让他们自信、无忧，还可以有机会尽情选择优秀的女性。

给每一位有儿子的家长朋友

谢谢您能读到最后。

我产生写这本书的冲动,已经是在十多年前了。

有一天医生告诉我:"你的癌症已经转移到了肾脏、小肠、子宫和卵巢四处了。"忽然,我就不得不与死亡面对了。

我想:"为什么是我呢?我是做了什么伤天害理的事吗?"

虽然我知道人总是要死的,但忽然与死亡面对面的时候,整个人都被巨大的恐惧和绝望给袭击了。而且,最让我害怕的就是要离开两个孩子撒手而去。

当时我女儿还是高中生,儿子也才上初中。虽说他们已经长大了,但也还是处在需要母亲的年纪。

我曾经想过在做手术之前把两个孩子叫到跟前,跟他们交代好自己的遗嘱。当时我脑子里想到的话是:"就算妈妈不在了,你们也要好好学习考上大学,找一份稳定的工作。"

然而,当一脸认真的女儿和正处于叛逆期的儿子坐在我面前的时候,我说的竟然是:"嗯,我想你们已经知道了,妈妈可能会死。我死之后,你们在选大学、选工作、结婚,没准儿还有离婚的时候可能会想:'如果妈妈还在,她会怎么说呢?'我现在先把答案告诉你们。"

我儿子还是和平时一样,把脸扭向另一边。

我继续说:"如果你们在面临人生的重大选择不知如何是好的时候,试试把眼睛闭上,扪心自问:哪个选择会让你觉得振奋而快乐?哪个选择会让你得到幸福?就算那个选择在别人看来是很愚蠢的,或者会很辛苦,妈妈还是希望你们毫不犹豫地去选择它。这就是妈妈的建议。"

说完,我惊讶地想:"啊?我刚刚说了什么?"这个时候不是应该说"你们要努力学习,考上好大学"吗?但是,真正面对孩子们时,我才知道这就是我最想告诉他们的。

"还有,你们长大后一定会后悔,觉得自己当时应该更好地孝敬妈妈才对。所以,我现在告诉你们孝敬我的方法。那就是,跟刚才一样,闭上眼睛扪心自问:现在我是向着自己梦想的目标在努力吗?如果是的话,那就是对妈妈最大的孝敬了。"

听了我的话,女儿哭了。儿子还是老样子,把脸扭向另一边,但眼睛红了。

第二天,儿子看了一眼正躺着看电视的我,在经过的时候用脚挪动电视,把电视的正面朝向了我。虽然他的举动还是那么的鲁莽，但对正处于叛逆期、几乎不怎么跟我说话的儿子来说，他的体贴我已经感受到了。

在这本书中我介绍的都是如何让男孩成为成功者的方法。但是，父母对孩子的最大期望首先是健康地活着。我可以说是奇迹般地生存了下来，也因为这段经历而学到了什么才是重要的。

那就是，"今天虽然是平凡的一天，平凡到不会留有什么记忆，但今天也是绝对不会再有机会重来的重要的一天"。

有儿子的爸爸妈妈们，请您在这既平凡又珍贵的今天好好地爱您的儿子。

最后，我要衷心鸣谢总是真诚而温暖地支持我的大和出版社的各位，以及同样有儿子、强烈促成本书出版的竹下编辑。

还有，给我心爱的儿子。你就是我生存的意义。对不起，妈妈不是很称职。但是我绝对可以充满自信地说："不论何时何日，我一直打心底里爱着你，而且这份爱会一直持续下去。妈妈永远是你的拥趸。"

希望你能够一直健康、快乐地生活下去。

亲子心理交流协会代表　中野日出美